Chambre de Commerce française de Milan

N. 5 — Via Brera

ACCORD COMMERCIAL

franco-italien

Mars 1894 - Novembre 1895

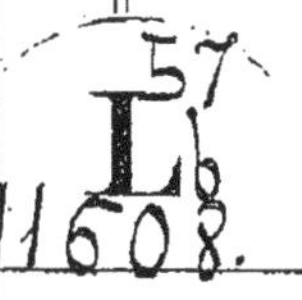

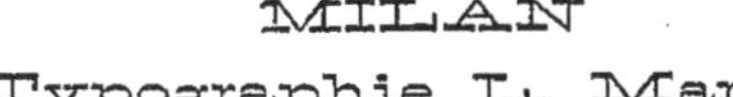
MILAN
Typographie L. Marchi
1895

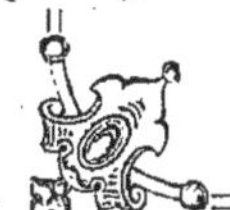

Chambre de Commerce française de Milan

N. 5 — Via Brera — N. 5

ACCORD COMMERCIAL

franco-italien

Mars 1894 - Novembre 1895

MILAN
Typographie L. Marchi
1895

Chambre de Commerce Française de Milan

Mars 1894 - Novembre 1895

Accord Commercial Franco-Italien

Nous avons tenu à réunir les manifestations diverses du monde industriel et commercial d'Italie et de France, favorables à la reprise des relations commerciales entre les deux pays.

C'est là un simple historique, sans commentaires et borné, nous le répétons, à la reproduction des délibérations des Chambres de commerce et Chambres syndicales italiennes et françaises, documents importants qui ont préparé sagement l'opinion publique des deux pays à accepter un accord sur le terrain économique.

La parole est aujourd'hui aux diplomates.

* * *

A la suite d'un banquet, offert à Rome le 22 février 1894, au général Türr, à l'occasion de l'ouverture du Canal de Corinthe, sur l'initiative de la Société de la Paix et du Comité Franco-Italien de propagande conciliatrice de Rome, la *Chambre de commerce française de Milan,* heureuse de constater les sentiments de sympathie particulièrement vive qui s'y étaient donnés jour, et suivant en cela la ligne de conduite adoptée depuis sa fondation, adoptait à l'unanimité, le 5 mars, le vœu suivant :

« *La Chambre de Commerce Française de Milan, s'inspirant des opinions manifestées par un grand nombre de ses membres, industriels et commerçants français, exprimant le désir de voir reprendre avec l'Italie des relations commerciales régulières et reconnaissant que le même désir anime les industriels et commerçants italiens, exprime le vœu que dans l'intérêts commun des deux pays de même race, intervienne au plus tôt un accord sur le terrain économique.* »

Le 19 mars, la *Chambre de commerce italienne de Paris,* qui, depuis 1886, avait elle aussi fait tous ses efforts pour maintenir l'accord existant alors, et, celui-ci rompu, avait saisi toutes les occasions pour montrer les pertes subies par les deux pays, faisait paraître un opuscule : *France et Italie, leur commerce d'autrefois et celui d'aujourd'hui*, dans lequel elle résumait avec exactitude, en quelques pages, par la seule éloquence des chiffres, la décroissance énorme des échanges commerciaux entre les deux nations, et démontrait, en conséquence, l'intérêt réciproque qu'avaient les deux gouvernements à rétablir une convention, qui devait rendre à ces échanges, sinon l'importance d'autrefois, tout au moins un développement compatible avec la puissance industrielle et commerciale des deux peuples.

Cette publication fit sensation : l'opinion publique des deux côtés des Alpes la commenta longuement : ce fut certainement là le premier pas important fait sur un terrain, où peu nombreux étaient ceux qui avaient osé s'aventurer, connaissant l'hostilité, trop voulue pour être sincère, que l'on avait entretenue un peu partout sur la question d'un rapprochement économique.

La Chambre de commerce italienne de Paris, provoqua ainsi en France une réaction salutaire, et, en Italie, en même temps que le *vœu* de la *Chambre de commerce française de Milan,* elle eut le bonheur d'amener un grand nombre de Chambres de commerce italiennes à faire connaître très explicitement leur opinion sur la reprise de relations commerciales.

Les délibérations qui suivent ont été soit adressées directement à la Chambre de commerce française de Milan, soit retirées du très intéressant compte-rendu que la Chambre de commerce italienne de Paris a fait de ses travaux, pour la période allant de Janvier à Août 1894:

Pavie.

Extrait du procès-verbal de la séance publique du 29 mars 1894.

Présents: M. M. chevalier Antonio Polli, président — chevalier Gerolamo Quirici, vice-président — et les conseillers M.M. Angelo Baggini, chevalier Giuseppe Cerutti, ing. Pacifico Garbarino, ing. Vittore Bidoia, chevalier Antonio Berti, Santo Balduzzi, Stefano Rolandi, Carlo Ricci.

. . . .

pour un accord commercial franco-italien.

« La Chambre, après examen de la récente publication dans laquelle la Chambre de commerce italienne de Paris montre en toute évidence les pertes occasionnées aux deux nations par le manque d'un traité de commerce et la nécessité en résultant d'un accord d'amitié tendant à les sauvegarder contre de nouvelles pertes, applaudit à l'initiative de la consœur de Paris, et répondant à son appel, s'associe au vœu d'entreprendre d'énergiques et rapides démarches pour voir s'établir entre la France et l'Italie un nouveau traité de commerce sur des bases réciproquement équitables. »

Florence, 30 mars 1894

Notre Chambre tient, par sa délibération, à envoyer sa sincère approbation à la Chambre de commerce italienne de Paris, et ses felicitations pour avoir porté son examen sur un argument aussi vital: nous tenons en même temps à faire part de notre vote aux autres Chambres du Royaume, pour que, grâce à l'autorité qu'elles ont acquise, elles s'emploient avec nous à commencer un mouvement et une agitation utile afin de rétablir les accords commerciaux avec la France, et afin d'arriver à conjurer les dangers toujours croissants produits par la crise actuelle.

Gênes, 30 mars 1894.

La Chambre de Commerce de Gênes, applaudissant à la consœur italienne de Paris pour l'initiative qu'elle a prise d'une propagande en faveur des principes libre-échangistes que la Chambre a toujours défendus, unit son action à celle de la Chambre de Paris, et souhaitant que l'opinion publique des deux nations française et italienne reconnaisse combien est préjudiciable aux deux peuples le régime douanier en vigueur, exprime le vœu que les gouvernements des deux pays s'emploient à consacrer par un traité réciproquement équitable, cette liberté de commerce qui seule peut rendre les peuples prospères.

Cagliari, 30 mars 1894.

« J'ai reçu l'interessant opuscule publié par votre honorable Chambre intitulé: *France et Italie, leur commerce d'autrefois et celui d'aujourd'hui*, dont j'ai donné communication à notre Compagnie dans sa séance d'hier : et, en appréciant à sa haute valeur l'importance et l'opportunité du travail et son but si noble et si utile, à l'unanimité elle a délibéré de vous adresser ses remerciements les plus distingués, et d'appuyer vivement auprès de notre gouvernement la proposition que vienne conclue sur des bases équitables une convention commerciale entre l'Italie et la France. »

Lecce, 4 avril 1894.

« Notre Chambre, ayant examiné le remarquable opuscule *France et Italie, leur commerce d'autrefois et celui d'aujourd'hui*, compilé par votre honorable Compagnie, a, dans sa séance du 3 courant, délibéré à l'unanimité un vote d'approbation à l'honorable Chambre de commerce italienne de Paris, pour cette si importante publication, avec le souhait fervent qu'on reprenne au plus tôt les pourparlers pour un accomodement commercial franco-italien.

Modène, 7 avril 1894.

Notre Chambre est heureuse de vous offrir ses plus vives félicitations pour l'œuvre sage et patriotique que vous avez accomplie pour démontrer les dommages énormes provenant pour l'Italie et la France du manque de conventions commerciales et pour obtenir le rétablissement des accords commerciaux entre les deux nations.

Je suis l'interprète de notre Chambre en vous envoyant notre vive approbation et en vous assurant que nous sommes prêts, dans la mesure de nos forces, à agir de concert avec vous pour atteindre ce but élevé.

Livourne, 7 avril 1894.

Présents. – MM.: Cav. Giacomo Lieber, Président; Cav. Oreste Del Buono — Gustavo de Veroli — Palmiro Soriani — Cav. Raffaello Rosselli — Cav. Tommaso Retali — Cav. Federigo Wassmuth — Cav. Giacomo Rignano — Cesare Fremura.

La Chambre prend connaissance d'une publication statistique de la Chambre de commerce italienne de Paris intitulé : *France et Italie. Leur commerce d'autrefois et celui d'aujourd'hui* dans laquelle cette Chambre, faisant un parallèle entre le commerce autrefois échangé entre la France et l'Italie et celui actuel, montre à l'évidence par les statistiques des importations et des exportations les graves pertes que les deux nations ont ressenties et ressentent du manque d'un traité de commerce, et, déclarant que les istitutions qui ont pour mission le développement du Commerce et de l'Industrie doivent s'unir pour s'employer à faire cesser un état de choses aussi désastreux, fait appel aux Chambres de Commerce du Royaume pour qu'elles prêtent leur concours et leur appui.

La Chambre prend aussi connaissance de la délibération de la Chambre de Commerce de Florence qui a envoyé ses félicitations à la Représentation commerciale italienne de Paris et a communiqué son vote aux autres Chambres pour qu'elles s'emploient à commencer, d'accord avec elle, un mouvement et une agitation utiles, ayant pour but de rétablir les accords commerciaux avec la France et de conjurer les pertes toujours croissantes de la crise actuelle.

Elle prend enfin connaissance de la délibération par laquelle, la Chambre de Commerce française de Milan, s'associant à la Chambre italienne de Paris, exprime son plus vif désir que, dans l'intérêt de la France et de l'Italie, un accord intervienne au plus tôt entre les deux pays sur le terrain économique.

La Chambre applaudit au travail utile de la Représentation commerciale italienne de Paris et à la pensée qui l'a inspiré, et reconnaissant l'indiscutable utilité que l'Italie et la France retireraient d'un accord commercial, exprime à l'unanimité le vœu qu'un tel accord puisse bientôt se conclure et s'établir. La Chambre décide de donner communication de ce vœu à la Chambre de Florence et à celle de Milan, croyant opportun que celle-ci, si elle est du même avis, se mette en rapport avec la Chambre de Commerce française de la même ville, pour aviser ensemble aux moyens les meilleurs et les plus opportuns et efficaces pour atteindre ce but.

Rovigo, 10 avril 1894.

L'opuscule publié par votre honorable chambre sur le commerce passé et présent de l'Italie est, dans l'éloquent groupement des chiffres, d'une telle évidence que tous autres commentaires sont inutiles pour reconnaître combien sont grandes les pertes que ressentent les deux nations du manque d'accord dans leurs rapports commerciaux.

Cette sereine et opportune publication a préoccupé justement tout le public italien et notamment le monde commercial et industriel; elle aura donc, sans aucun doute, d'excellentes conséquences.

En même temps que nous vous approuvons entièrement, nous nous permettons de vous encourager à poursuivre cette campagne et à prendre l'initiative d'un mouvement pour profiter des dispositions actuelles qui semblent meilleures même chez les protectionnistes français.

La Chambre de Commerce de Rovigo mettra certainement en œuvre toute son influence et ne négligera aucune occasion pour repondre en proportion à la noble initiative que vous voudrez prendre.

Cuneo, 14 avril 1894,

Dans sa séance du 8 avril courant, notre Chambre a délibéré de s'associer à celle de Florence dans l'envoi à votre honorable Compagnie de félicitations pour la publication de l'opuscule: *France et l'Italie, leur commerce d'autrefois et celui d'aujourd'hui*, qui montre avec tant de compétence les pertes que ressentent les deux nations par le manque d'accord dans leurs rapports commerciaux.

En même temps notre Conseil a décidé de s'employer de toute façon, comme il a toujours fait, pour que se rétablissent les accords commerciaux avec la France, accords qui seraient certainement profitables à notre pays et à notre district en particulier.

Cremone, 14 avril 1894.

Dans sa séance d'hier, notre Chambre de Commerce a eu communication du remarquable travail : *France et Italie, leur commerce d'autrefois et celui d'aujourd'hui*, tendant à prouver les pertes souffertes par les deux nations par suite du manque d'un traité de commerce et le besoin qui s'en déduit d'un accord pour éviter des maux ultérieurs.

Applaudissant à votre œuvre, la Chambre que j'ai l'honneur de présider a délibéré à l'unanimité de s'associer au vœu de prochaines démarches pour concréter entre la France et l'Italie une nouvelle convention établie sur les bases de réciproque équité.

Souhaitant que les désirs communs de notre Chambre trouvent des milieux favorables, veuillez, etc.

Pise.

Séance du 18 avril 1894.

Après avoir pris connaissance de l'intéressante compilation statistique de la Chambre de commerce italienne de Paris; intitulée : « *France et Italie — leur commerce d'autrefois et celui d'aujourd'hui* » et de la circulaire du 4 courant de la Chambre de Florence, le Conseil décide à l'unanimité des voix de s'associer à cette dernière pour envoyer son approbation à la Chambre italienne de Paris, et commencer une action profitable pour rétablir les accords commerciaux avec la France et arriver à conjurer les pertes toujours croissantes causées par la crise actuelle.

Rimini, 19 avril 1894.

La Chambre de Commerce et arts de Rimini, considérant que la Chambre italienne de Paris, en montrant, par l'éloquence des chiffres, les pertes réciproques que l'Italie et la France ressentent de la rupture des relations commerciales, a, en éclairant ainsi l'opinion publique, rendu un service signalé au pays; applaudit à son œuvre et souhaite que les deux nations sœurs, s'inspirant du souvenir de la communauté d'origine et du sang versé sur les champs de bataille, rendent, en se rapprochant sur le terrain économique, un nouveau service signalé à la cause de la civilisation et de la paix.

(Voté par la Chambre à l'unanimité, en séance du 19 avril 1894).

Parme.

Séance du 25 avril 1894.

Par une note du 4 avril 1894, N. 685, dont le secrétaire donne lecture, la Chambre de commerce de Florence appelle l'attention des consœurs italiennes sur l'utile opuscule publié par la Chambre de commerce italienne de Paris, et après avoir dans sa séance envoyé ses sincères félicitations à la Chambre susdite pour le travail qu'elle a publié et qui démontre à l'évidence les pertes que subissent les deux nations pour le manque d'accord entre elles au point de vue commercial, elle invite les consœurs italiennes, à commencer d'accord avec elle une campagne utile pour arriver à établir de bons rapports commerciaux avec la France.

La discussion est ouverte sur la proposition de la Chambre de Florence.

La Chambre, prenant acte de l'opuscule publié par la Chambre italienne de Paris,

convaincue de la nécessité qu'il y a de rétablir un accord commercial entre l'Italie et la France, dont l'absence amène à l'évidence un lourd dommage économique aux deux pays dans le déplorable état actuel des choses,

s'associant à la patriotique initiative prise par l'honorable consœur de Florence, dans sa séance du 30 mars, à l'unanimité délibère d'envoyer ses chaudes et sincères félicitations à la Représentation commerciale italienne de Paris, pour l'œuvre si opportune et hautement louable qu'elle a accomplie pour protéger les intérêts économiques de l'Italie, s'engageant à contribuer, dans la mesure de ses moyens, à susciter une utile campagne pour atteindre le but qui est désiré par de communs intérêts.

Est communiquée ensuite une délibération prise par la Chambre de commerce française à Milan, dans sa séance du 5 mars, par laquelle se faisant l'interprète des autres Chambres de commerce françaises, elle exprime ses vœux pour le rapprochement de la France et de l'Italie sur le terrain économique, dans l'intérêt réciproque des deux nations sœurs.

La Chambre, sans qu'il y ait lieu à discussion, prend acte avec le plus vif plaisir du vote exprimé par la Représentation commerciale française à Milan, et décide à l'unanimité d'envoyer à cette Chambre les assurances de sa très vive reconnaissance pour son acte courtois et patriotique et de l'assurer en même temps que ces vœux sont pleinement partagés par notre Chambre qui, dans la mesure de ses moyens, contribuera à en obtenir la réalisation.

Macerata, 27 avril 1894.

La Chambre, après avoir pris connaissance du mémoire du secrétaire (1) sur la très importante question et des vœux des consœurs de Paris et Florence; considérant que les hostilités commerciales franco-italiennes ne manquent pas de produire leurs douloureux effets directement et indirectement, tant pour l'agriculture que pour l'industrie agricole de la province de Macerata, exprime le vœu que le Gouvernement et le Parlement italiens s'emploient à rétablir avec la nation voisine, autant qu'il est possible, une convention commerciale qui, sur des bases plus modérées, favorise également les intérêts commerciaux des deux pays.

(1) Ce mémoire a paru dans le *Bulletin* de mars de la Chambre de Macerata: nous remercions son auteur de la phrase aimable à notre adresse.

Dans les quarante pages de cette étude, s'inspirant d'idées élevées, M. Francesco Coletti a commenté les chiffres des statistiques de très éloquente façon. Nous regrettons que le défaut de place nous empêche de reproduire quelques extraits de ce travail que nous avons lu avec grand plaisir.

A son tour, le *Bulletin* de mai de la Chambre de Carrare a consacré plusieurs colonnes à cette question, toujours animé par les mêmes idées de rapprochement.

Alexandrie, 27 avril 1894.

La Chambre, sur la proposition du Président, décide d'accueillir favorablement, avec un mémoire à l'appui, la motion, émise par la Chambre de commerce de Florence, sur la possibilité de rétablir un accord commercial entre l'Italie et la France.

Sienne, 28 avril 1894.

Accords commerciaux entre la France et l'Italie. — Le Rapporteur M. Franci, donne lecture du rapport suivant :

Le ralentissement qui s'est produit depuis quelques années dans les échanges commerciaux franco-italiens a donné l'occasion á la Chambre de Commerce italienne de Paris de se préoccuper des pertes énormes qui en résultent.

(Suit l'analyse résum e de la brochure)

La Chambre de Florence nous communique, par une note du 4 courant que, dans sa séance du 30 mars, après avoir pris connaissance de l'opuscule en question, elle a trouvé bon d'en approuver le but, et qu'elle veut encore recommander de l'appuyer à toutes les consœurs du Royaume.

La Chambre de Commerce française de Milan, elle aussi, nous communique que, dans la séance du 5 mars, elle a pris semblable délibération.

Non seulement par esprit de solidarité, mais encore par conviction véritable, je vous propose, messieurs, d'appuyer cette noble initiative, avec l'espoir que tombe enfin cette barrière qui empêche le développement commercial au préjudice des deux nations et pour conjurer davantage la crise depuis longtemps manifeste.

La Chambre approuve les conclusions du Rapporteur et décide d'adresser un vote d'éloges à la consœur de Paris.

Verone, 30 avril 1894.

Notre Conseil, dans sa séance du 23 courant, a exprimé un vœu de vives félicitations à votre honorable Compagnie, pour sa remarquable publication, faite dans le très utile but de démontrer l-s conditions réciproquement désavantageuses créées à la France et à l'Italie par la rupture des traités de commerce.

Heureux d'être, en cette circonstance, l'interprète de notre Conseil, je vous exprime le souhait que, par le moyen employé, votre honorable Chambre puisse atteindre heureusement son but.

Porto-Maurizio, 30 avril 1894.

La Chambre accueille le vœu de la consœur de Florence, qui invite les Chambres de Commerc du Royaume à se joindre à elle pour commencer un mouvement profitable au rétablissement d'accords commerciaux entre l'Italie et la France, afin d'éviter les pertes supportées par les deux nations par manque d'un traité de commerce, pertes mises en évidence par l'important travail publié par la Chambre de commerce italienne de Paris, et exprime le désir que l'œuvre des Chambres soit couronnée d'un heureux succès.

Mantoue, 15 mai 1894.

Le Conseil, s'associant aux vœux émis par la Chambre de Commerce française de Milan, dans sa séance du 5 mars dernier, et à la délibération, en date du 30 mars, de la consœur de

Florence, affirme sa solidarité dans l'œuvre de réconciliation économique entre la France et l'Italie à l'effet de remédier aux pertes énormes que les deux nations ressentent du manque d'accord dans leurs rapports commerciaux et décide à l'unanimité de se mettre à la disposition de la Chambre de Florence, pour commencer, d'accord avec les autres consœurs du Royaume, un mouvement et une agitation profitables pour arriver à établir d'équitables accords commerciaux avec la France et à conjurer les très lourdes pertes causées par la crise actuelle.

Syracuse, 23 mai 1894.

Je suis très heureux de vous faire part que notre Chambre, dans sa séance du 1er mai courant a voté des félicitations à votre honorable Compagnie qui, avec tant de louable empressement soutient les intérêts économiques de la France et de l'Italie et défend la cause d'un accord commercial amical entre les deux nations.

Le remarquable opuscule *France et Italie*, mérite d'être pris en sérieuse considération, parce qu'il expose, avec l'éloquence des faits, les graves pertes dérivées de la cessation du traité de commerce et l'intérêt commun qu'il y a à ce qu'il soit le plus tôt possible rétabli.

Avec l'espoir de voir au plus tôt réalisée cette aspiration, veuillez, etc.

***

Une manifestation significative eut lieu également, à l'occasion du *Congrès des Sociétés Economiques*, tenu à Milan les 25, 26 et 27 septembre 1894, congrès composé, il faut l'ajouter, de personnalités appartenant en grande majorité à l'opinion protectionniste.

Le 4.e thème était :

« Après examen des effets du régime douanier en vigueur dans notre pays, examen des « provvedimenti » qui pourraient aider à l'accroissement de l'économie nationale principalement en ce qui regarde les importations et exportations. »

Rapporteur : M. Maldifassi.

Comme appendices au thème principal, quelques membres du Congrès avaient demandé que le suivant, entre autres, fut traité :

« *a) s'il convient à l'Italie de demander l'application du tarif minimum français, étendant à la France les faveurs consenties par des récents traités à l'Autriche, à l'Allemagne et à la Suisse ;*

Le Congrès approuva, la conclusion suivante proposée par M. le comm. De Angeli :

« *à ce sujet, le Congrès rappelle que l'Italie s'est constamment montrée prête à entrer, avec dignité réciproque, en n gociations avec la France.* »

***

Une autre manifestation avait eu lieu quelques jours auparavant, le 20 octobre, à Lyon, à l'occasion de la distribution des récompenses décernées aux exposants: et c'est avec plaisir que nous rapportons les paroles de M. le maire Gailleton, qui eurent alors tant d'écho en Italie, et qui ont ici leur place puisqu'elles furent prononcées devant un public d'industriels et de commerçants :

« Vous avez été frappé du cadre admirable de l'Exposition ; l'horizon que le regard embrasse, si loin que s'étende la vue, apprend d'où lui sont venus les éléments principaux qui ont fait sa force et son éclat.

C'est le Rhône, d'abord, qui traverse les riches et industrieuses populations du Midi; à l'Est, c'est le Dauphiné, la Saône et le Mont-Blanc *dérrière lesquels il est permis de deviner l'Italie et l'autre reine de la soierie, Milan, qui a tenu à prouver qu'en dépit des apparences, les souvenirs historiques ne sont point oubliés e que les Alpes peuvent séparer mais non désunir deux peuples que rapprochent tant de liens naturels.* »

Le lendemain, 21, eut lieu la réception des délégués italiens des associations de la soie de Milan et de Turin par la municipalité lyonnaise, que nous rapportions en ces termes dans le *Bulletin* de notre chambre du 15 novembre 1894:

« Les délégués italiens des associations de la Soie de Milan et de Turin, venus en grand nombre à Lyon pour assister à la distribution des récompenses de l'Exposition, se sont rendus avant hier auprès de M. Ulysse Pila, président du syndicat de l'Union des Marchands de soie de Lyon.

Apres lui avoir exprimé toute leur admiration pour notre exposition et le vif plaisir qu'ils ont éprouvé à constater son grand succès, ils ont tenu à renouveler leurs sentiments de sympathiques condoléances pour la nation française si cruellement atteinte par l'assassinat du président Carnot.

Hier, la délégation des industriels en soie de Turin et de Milan a été présentée à M. le maire de Lyon par MM. Pila et Chabrières et lui a remis une somme de 2,750 francs, recueillie dans les rang des associations des marchands de soies de Milan et de Turin en vue de participer à l'érection du monument qui sera élevé à M. Carnot.

La délégation était composée de MM. Dumontel, Allasia, Lazzaroni, Dupré, Giorgis, Tomaso, Capriolo, Gavazzi, Rusconi, Giorelli, Beaux, Segrè, Gazzera, Resplendino.

M. Dumontel, conseiller municipal de Turin s'est fait en excellents termes l'interpréte des sentiments de ses collègues.

M. le maire de Lyon a répondu en affirmant, en dépit de divergences et de désaccords plus apparents que réels, la fraternité qui unit la France et l'Italie, et qui se fonde aussi bien sur une sympathie naturelle que sur une profonde et certaine communauté d'intérêts.

M.r Beaux, négociant lyonnais établi à Milan, a pris ensuite la parole pour exprimer la satisfaction qu'éprouvaient ses collègues italiens de l'excellente réception qu'ils ont reçue à Lyon.

MM. Chevillard et Berthélemy, adjoints, et plusieurs conseillers municipaux assistaient à cette réception qui a été des plus cordiales.

Nous sommes heureux de signaler cet acte de courtoisie, ce touchant témoignage de sympathie des marchands de soie Italiens pour notre patrie. »

***

On ne pouvait conserver aucun doute sur la sincérité des sentiments favorables exprimés par les Représentants autorisés de l'industrie et du commerce d'Italie que nous avons reproduits plus haut.

La *Chambre de Commerce de Bari*, par son distingué Président, *M. Boggiano*, et le Comité franco-italien de propagande conciliatrice, prirent alors l'initiative d'une conférence préparatoire, dans laquelle devait être arrêtée la marche à suivre.

Cette conférence eut lieu à Bari, le 30 octobre 1894.

Le 24, *M. Boggiano* avait adressé à *M. François Gondrand*, Président de la Chambre de commerce française de Milan, le télégramme suivant:

« Sur l'initiative de notre Chambre de commerce sera tenue dans notre grande salle, le 30, à 1 heure, une conférence sur la question commerciale italo-française avec le concours du Comité permanent franco-italien de propagande conciliatrice. Je vous prie d'intervenir, s'agissant d'un argument très intéressant et opportun. — Président: Boggiano. »

Ne pouvant intervenir, à son très grand regret, M. Gondrand pria M. Albert Sausse, délégué de la Chambre à Barletta, de représenter celle-ci à la conférence. M.r Sausse accepta et envoya un compte rendu détaillé, qui fut lu en séance du Conseil, et publié dans le Bulletin de la Chambre de commerce française de Milan (partie officielle) du 18 novembre 1894.

Outre de nombreuses personnalités politiques, étaient présentes ou représentées à la conférence de Bari, avec les Chambres de commerce françaises de Milan, Rome et Naples, les Chambres de commerce italiennes de Milan, Aquila, Turin, Potenza, Messine, Trapani, Florence, Campobasso, Catane, Avellino, Chieti, Naples, Foggia, Salerne, Reggio-Calabre, Syracuse, Cosenza, Lecce, Catanzaro, l'Association commerciale de Naples, l'Association sérique de Milan, etc.

La *Chambre de commerce italienne de Milan* avait pris la délibération suivante, que nous extrayons du procès-verbal de sa séance d'octobre :

« La Chambre de commerce de Bari, par télégramme du 24 courant, a invité le Président à assister à une conférence sur la question commerciale italo-française, organisée pour le 30 octobre par cette Représentation avec le concours du Comité permanent italo-français de propagande conciliatrice.

Le Président — ne pouvant répondre à l'invitation à cause des engagements de sa charge, a cru se rendre interprète de la pensée de la Chambre, qui dans de nombreuses délibérations a reconnu la convenance d'accords commerciaux avec la France en augurant que la manifestation due à la Chambre de commerce de Bari, trouve une forte approbation dans les deux pays et que l'action commune des Représentations commerciales soit suivie des résultats qui sont dans les vœux de tous. »

La Conférence avait comme Président d'honneur, M. Bonghi, député, Président du Comité franco-italien, comme Président effectif, M. Boggiano.

Après les discours prononcés par Messieurs Bonghi, de Niccolò, députés, Boggiano, Henri Rose, industriel français, et Lazzarini, la motion suivante proposée par M. Lazzarini, Secrétaire de la Conférence, et à laquelle s'associa M. le Président Boggiano, fut votée à l'unanimité:

« La conférence de Bari, applaudit à l'attitude des Chambres de commerce françaises de Milan, de Rome et de Naples, et de leurs autres consœurs de France et des hommes éminent qui s'y montrent animés du même désir élevé d'une entente économique avec l'Italie, désir partagé par la très grande majorité des Représentations du commerce, de l'industrie et du travail national;

« s'associe de grand cœur aux sages décisions de ces hautes Représentations commerciales et industrielles du Royaume, ayant pour but d'initier une action collective;

« délibère de confier à une Commission spéciale, qui sera choisie par la Présidence de la Chambre de Commerce de Bari, le soin de faire les recherches et études nécessaires, de prendre toutes les mesures qui seront jugées bonnes et les accords les plus opportuns avec les amis de France, envoyant, en attendant, à ces derniers, au nom tant des présents que des représentés, un salut de solidarité entre les deux nations, qui n'ont d'autres buts élevés que la liberté et le progrès économique et civil. »

***

La Chambre de commerce française de Milan s'empressa de communiquer cette délibération aux Chambres de commerce de France: elle eut le plaisir de recevoir les réponses suivantes:

15 novembre. — **Chambre de commerce de La Rochelle.**

— « La Chambre de commerce de la Rochelle apprécie n'en doutez-pas, vos efforts pour préparer le terrain en vue d'une entente commerciale entre la France et l'Italie, et elle a l'espoir que vous arriverez à ce but dans un avenir prochain.... ».

19 novembre. — **Chambre de commerce de Marseille.**

« Nous vous félicitons bien vivement des vœux exprimés dans la conférence de Bari et qui ont pour objet d'amener la conclusion d'un accord commercial avec la France.

« De notre côté nous agissons depuis longtemps auprès du Gouvernement français pour obtenir que nos anciennes relations commerciales avec l'Italie soient rétablies, au plus grand avantage des deux pays. »

22 novembre. — **Chambre de commerce de Maine-et-Loire,**

Extrait du procès-verbal.

Accord commercial entre l'Italie et la France.

Le Président communique une lettre du Président de la Chambre de commerce française de Milan, appelant l'attention de la Chambre de commerce de Maine-et-Loire sur la délibération prise le 30 octobre dernier par la conférence de Bari en vue d'un accord commercial entre l'Italie et la France.

A cette lettre est joint un compte rendu des travaux de la conférence de Bari, à laquelle assistaient le Maire et le Président provincial de Bari, les députés de la province, les représentants des principales associations industrielles et commerciales du royaume, ceux des Chambres de commerce française de Milan, Rome et Naples, le consul de France et des nombreux industriels et négociants de l'Italie méridionale. Les vœux les plus chaleureux et les plus pressants ont été adoptés à l'unanimité en faveur d'un accord économique avec la France, et une Commission spéciale a été nommée dans le but de faire les études et de prendre toutes les mesures qui seront jugées nécessaires pour préparer le terrain à une entente commerciale entre les deux nations voisines.

La Chambre de Maine-et-Loire appréciant à sa haute valeur ces manifestations sympathiques, s'associe aux vœux émis par la conférence de Bari et remercie le Président de la Chambre de commerce de Milan d'avoir bien voulu les lui transmettre.

23 novembre. — **Chambre de commerce de Bordeaux.**

« J'ai l'honneur de vous accuser réception de l'envoi que vous avez bien voulu me faire par votre lettre du 10 novembre courant de la délibération prise par la conférence de Bari; j'ai donné connaissance de cette communication à mes collègues dans notre dernière réunion.

— « La Chambre de commerce de Bordeaux ne peut qu'applaudir aux efforts qui ont pour but de rétablir un accord commercial avec l'Italie et elle remercie la Chambre de Milan de l'initiative qu'elle veut bien prendre en la circonstance. »

27 novembre. — **Chambre de commerce de Toulon.**

« Je vous remercie de l'exemplaire de la délibération de Bari: j'en ai donné communication aux membres de notre Assemblée; la Chambre que je préside en a pris bonne note et vous félicite des louables efforts que vous tentez pour rétablir la bonne harmonie dans les relations commerciales des deux nations voisines, pour le plus grand avantage de chacune d'elles. »

1er décembre. — **Chambre de commerce de Honfleur.**

« Notre Chambre reconnaît les services incontestables rendus au commerce français par la Chambre de commerce que vous présidez et approuve la ligne de conduite qu'elle s'est tracée. »

3 décembre. — **Chambre de commerce de Rouen.**

« J'ai mis sous les yeux de la Chambre de commerce de Rouen la lettre que vous m'avez fait l'honneur de m'écrire le 10 novembre dernier et la déliberation de la conférence de Bari, en date du 30 octobre que vous m'avez communiquée.

La Chambre de commerce de Rouen fait aussi des vœux pour le rapprochement commercial de la France et de l'Italie, et elle y contribuera de ses efforts, les intérêts de chaque pays également sauvegardés. »

3 décembre. — **Chambre de commerce de Paris.**

« Nous avons l'honneur de vous accuser réception de votre communication du 10 novembre, contenant un exemplaire de la délibération de la Conférence de Bari et nous signalant les vœux émis par un grand nombre de Chambres de commerce d'Italie en vue d'un accord commercial avec la France.

« Nous sommes heureux de vous faire part du sympathique intérêt avec lequel cette communication a été accueillie par notre Compagnie, qui appelle de tous ses vœux le plein succès de tous les efforts tendant à préparer le terrain d'entente entre les deux nations voisines. »

5 décembre. — **Chambre de commerce de Lyon.**

« J'ai placé sous les yeux de notre Chambre, dans sa dernière séance, la lettre que vous m'avez fait l'honneur de m'écrire, le 10 novembre dernier, et la délibération prise par la Conférence de Bari qui y était jointe.

« Notre Chambre ne peut que vous remercier de cette intéressante communication et faire des vœux pour que la motion votée par la Conférence de Bari trouve des échos de l'autre côté des Alpes et en France. Notre désir le plus vif et le plus sincère est que les deux pays trouvent un terrain d'entente pour la conclusion d'un traité de commerce qui tournerait à l'avantage de leur commerce réciproque.

17 décembre. — **Chambre de commerce de Saint-Dizier.**

« Le 10 novembre dernier, vous m'avez fait l'honneur de me transmettre un exemplaire de la délibération prise par la Conférence de Bari le 30 octobre précédent.

« La Chambre de commerce de Saint-Dizier, à qui j'ai donné connaissance de cette délibération, se déclare en complète communauté d'idées avec vous au sujet des vœux émis par l'Assemblée de Bari, et elle approuve tous vos efforts personnels en vue de préparer le terrain à une entente commerciale entre les deux nations voisines. »

Ces délibérations nous étaient parvenues aux dates indiquées ; mais notre Conseil en avait réservé la publication.

Le 5 février, nous recevions du Comité franco-italien de propagande conciliatrice, siégeant à Rome, une lettre nous demandant quelles étaient les Chambres de commerce de France qui nous avaient répondu à la suite de la Conférence de Bari et si notre Chambre partageait toujours les mêmes sentiments.

Il y fut répondu par le télégramme suivant, adressé à M. *Boggiano*, Président de la Chambre de Commerce de Bari :

« Applaudissons à initiative prise par Chambre de commerce de Bari pour rapprochement commercial franco-italien.

Continuerons efforts communs. Avons reçu également lettres des Chambres de commerce de Paris, Lyon, Marseille, Bordeaux, La Rochelle, Toulon, Saint-Dizier, Angers, Rouen, Honfleur. nous félicitant de notre ligne de conduite et approuvant conclusions conférence Bari.

FRANÇOIS GONDRAND
Président Chambre commerce française de Milan. »

M. Boggiano nous répondit immédiatement par un télégramme dont voici la traduction:

« Gondrand, Président Chambre commerce française de Milan. — La Chambre de Bari, à laquelle j'ai fait part du télégramme expédié à Rome le 7 courant, remercie l'honorable consœur de Milan pour sa valide coopération et est heureuse du consentement des plus importantes Chambres de commerce de France.

BOGGIANO
Président Chambre de commerce. »

C'est à la suite de cet échange de télégrammes que les réponses des Chambres de commerce françaises parurent dans notre *Bulletin* du 15 février: est-il besoin d'ajouter qu'elles firent le meilleur effet en Italie !

***

Le 18 mars suivant, la Chambre de commerce française de Milan recevait la lettre suivante, de M. *Boggiano,* Président de la Chambre de commerce de Bari:

18 mars 1895. — **Chambre de commerce et arts de Bari.**

Monsieur le Président,

Notre Compagnie a vu avec plaisir le concours autorisé et efficace que votre Chambre de commerce a cru devoir donner à l'initiative que nous avions prise pour un rapprochement commercial entre la France et l'Italie, concours qui nous permet d'espérer dans la prochaine réussite d'une œuvre aussi utile que patriotique.

Pour faciliter entre temps les études qui devront être sous peu entreprises pour atteindre le résultat espéré, je me suis adressé à toutes les Chambres de commerce du Royaume pour qu'avec un soin consciencieux et attentif elles me communiquent les bases principales et données plus sûres, sur lesquelles on puisse avec probabilité chercher à conclure un traité avec la France, en tenant compte de la nature et de l'importance des échanges réciproques et s'inspirant aux plus grandes concessions possibles des deux côtés.

Cette même demande, que j'ai voulu soumettre à l'examen des Chambres italiennes, je désirerais vivement qu'elle fut présentée par vous, Monsieur le Président, aux Chambres de commerce françaises, qui, j'en suis persuadé, voudront bien écouter favorablement votre avis autorisé, pour aider aux études précitées et en faciliter la réussite.

Votre patriotisme éclairé et élevé, et le grand intérêt que vous avez montré, Monsieur le Président, à coopérer à l'initiative de notre Compagnie, me sont un sûr garant que vous accueillerez de bon gré ma prière que vous adresse également la Chambre que je préside, et me font espérer que je recevrai une réponse affirmative.

Avec mes remerciements anticipés, veuillez agréer l'assurance de ma considération la plus distinguée.

Le Président: G. Boggiano.

Suivant le désir, si courtoisement exprimé par M. *Boggiano*, notre Chambre communiqua sa lettre à toutes les Chambres de commerce et Chambres syndicales de France: nous verrons plus loin les réponses qui furent faites à ces propositions que nous avions faites nôtres.

***

Un mois aprés, sur l'initiative toujours en éveil de M. Boggiano, avait lieu une manifestation, qui s'annonçait comme des plus importantes: le 21 avril, les Chambres de commerce italiennes se réunissaient en Congrès à Rome; un très grand nombre de ces Compagnies et d' autres Associations commerciales s'y étaient fait représenter.

M. Boggiano avait bien voulu nous aviser du Congrès et du but que l'on s'y proposait.

Aussi, le 21 avril, notre Chambre lui adressa le télégramme suivant:

« Commandeur Giacomo Boggiano, près Chambre de commerce, Rome. — Assistons de tout cœur à vos travaux, souhaitant que soit bientôt atteint le but commun dans l'intérêt des deux nations sœurs. — Gondrand François, Président Chambre commerce française. »

Nous reçûmes aussitôt le télégramme suivant, décidé en séance plénière du Congrès:

« Gondrand, Président Chambre commerce française, Milan. — L'Assemblée des Chambres de commerce m'a chargé de vous envoyer en son nom un salut fraternel et des remerciements pour votre efficace coopération dans l'accomplissement de nos désirs communs. En accomplissant cet honorable mandat, j'y joins mes salutations cordiales. — Boggiano.

Après une discussion assez longue, dont il est inutile de rapporter les détails, l'Assemblée adopta à l'unanimité l'ordre du jour suivant, présenté par M. *Ugo Pisa*, Président de la Chambre de commerce italienne de Milan :

L'assemblée, prenant acte, avec une vive satisfaction des dispositions amicales de plusieurs Chambres de commerce françaises les plus importantes, dispositions manifestées clairement par les ordres du jour favorables à la reprise des relations commerciales franco-italiennes votés récemment;

Constatant d'autre part la pleine correspondance que ces sentiments trouvent dans la présence à cette réunion des représentants des Chambres de commerce des principaux centres d'Italie, lesquelles, d'ailleurs, ont maintes fois déjà, par leurs votes, exprimé le désir du rétablissement des rapports commerciaux, à l'avantage réciproque des deux pays;

Exprime le vœu que, en continuant sur cette voie de propagande autorisée et efficace dans les deux pays, par les soins des Chambres de commerce italiennes et françaises, on puisse toujours davantage se rapprocher du but, en attendant de pouvoir l'atteindre moyennant une action digne, parallèle et unanime.

A cette date du 21 avril, les Chambres de commerce italiennes qui, soit par leur adhésion à cette Assemblée, soit par des manifestations précédentes, dont nous avons déjà eu l'occasion de citer quelques-unes, s'étaient déclarées favorables à une reprise des relations commerciales avec la France, étaient au nombre de **soixante-six** sur **soixante-quatorze**: nous tenons à les désigner. Ce sont celles de:

Alexandrie, Ancône, Aquila, Arezzo, Ascoli Piceno, Avellino, Bari, Bellune, Bologne, Brescia, Cagliari, Caltanisetta, Campobasso, Carrare, Caserte, Catane, Catanzaro, Chieti, Civitavecchia, Côme, Cosenza, Crémone, Cuneo, Ferrare, Florence, Foggia, Foligno, Forlì, Gênes, Girgenti, Lecce, Lecco, Livourne, Lodi, Lucques, Macerata, Mantoue, Messine, Milan, Modène, Naples, Padoue, Palerme, Parme, Pavie, Pesaro, Pise, Port-Maurice, Potenza, Ravenne, Reggio-Calabria, Reggio-Emilia, Rimini, Rome, Rovigo, Sassari, Savone, Sienne, Syracuse, Turin, Trapani, Trévise, Venise, Verone, Vicence.

*
* *

Quelques jours après, le 6 mai, la **Chambre de commerce italienne de Milan**, à la suite du compte-rendu, fait par son Président, M. Pisa, des travaux du Congrès de Rome, adoptait à l'unanimité l'ordre du jour suivant, présenté par M. *Cesare Mangili*, Vice-Président, ordre du jour qui étendait et complétait celui voté, à Rome, par le Congrés :

La Chambre — après avoir entendu les communications de son Président sur la réunion des Chambres de commerce italiennes tenue à Rome, dans le but de manifester leur sentiment sur le régime douanier qui devrait régir les échanges entre la France et l'Italie — heureuse que la manifestation des Chambres italiennes se soit prononcée en faveur d'un équitable régime conventionnel, entre les deux pays, — et que cette manifestation même ait eu lieu sur la proposition de son Président, en même temps qu'elle le remercie pour avoir efficacement contribué à un vote si autorisé et si conforme aux désirs de notre Compagnie, exprime le vœu que l'action des bien méritants partisans d'un accord trouve dans les deux pays et près des Gouvernements respectifs la sympathie et l'appui nécessaires à obtenir le prompt accomplissement du but désiré.

*
* *

Le lendemain, 7 mai, la **Chambre de commerce française de Milan** avait séance: elle prit connaissance de l'ordre du jour précité et y attacha une importance toute spéciale, venant d'une Chambre aussi importante et autorisée que la Chambre de commerce italienne de Milan.

Elle adopta à son tour, à l'unanimité des présents, l'ordre du jour suivant:

La Chambre de commerce française de Milan,

Rappelant son propre vœu émis le 5 mars 1894;

Rappelant la délibération de la conférence de Bari, tenue le 21 octobre 1894, et les réponses favorables de plusieurs importantes Chambres de commerce de France, qui ont suivi cette délibération ;

Rappelant le vœu émis par la réunion des Chambres de commerce italiennes, à Rome, le 21 avril 1895 ;

Constatant qu'à ce jour 66 Chambres de commerce italiennes, sur 74, se sont déjà déclarées favorables à une reprise de relations commerciales avec la France ;

Prend connaissance avec plaisir de l'ordre du jour présenté à la Chambre de commerce italienne de Milan, le 6 mai 1895, par son Vice-Président, M. Cesare Mangili, adopté à l'unanimité, et ainsi conçu :

La Chambre — après avoir entendu les communications de son Président sur la réunion des Chambres de commerce italiennes, tenue à Rome, dans le but de manifester leur sentiment sur le régime douanier qui devrait régir les échanges entre la France et l'Italie — heureuse que la manifestation des Chambres italiennes se soit prononcée en faveur d'un équitable régime conventionnel, entre les deux pays, — et que cette manifestation même ait eu lieu sur la proposition de son Président, en même temps qu'elle le remercie pour avoir efficacement contribué à un vote si autorisé et si conforme aux désirs de notre Compagnie, exprime le vœu que l'action des bien méritants partisans d'un accord trouve dans les deux pays et près des Gouvernements respectifs la sympathie et l'appui nécessaires à obtenir le prompt accomplissement du but désiré.

Déclare s'associer complètement aux vœux exprimés dans cet ordre du jour.

Décide de le communiquer aux Chambres de commerce et aux Chambres syndicales de France, en profitant pour présenter ses plus sincères félicitations à la Chambre de commerce de Milan et à M. Boggiano, Président de la Chambre de commerce de Bari, pour le zèle apporté dans l'importante question d'un rapprochement franco-italien sur le terrain commercial.

Suivant les conclusions de cet ordre du jour, nous adressâmes à toutes les Chambres de commerce et Chambres syndicales de France la lettre suivante :

11 mai. — **Chambre de commerce française de Milan.**

Rélations commerciales franco-italiennes.

Monsieur le Président,

Comme suite à notre lettre du 8 avril dernier, nous avons l'honneur de vous adresser sous ce pli, un extrait du procès-verbal de la séance de notre Conseil, du 7 courant, contenant :

1.° l'ordre du jour voté par le Congrès des Chambres italiennes, tenu à Rome, le 21 avril dernier et que nous vous avions annoncé ;

2.° l'ordre du jour voté par la Chambre italienne de Milan le 6 mai courant ;

3.° l'ordre du jour voté par notre Chambre, le 7 mai courant.

Nous vous demandons de vouloir bien donner connaissauce de ces expressions favorables à une reprise des relations commerciales entre les deux pays, aux membres de votre honorable Compagnie, qui, devant l'unanimité des sentiments exprimés en Italie, voudront bien à leur tour, nous nous plaisons à l'espérer, y correspondre en faisant connaître explicitement leur opinion, que nous savons déjà favorable, par une délibération, dont nous vous serions alors reconnaissants de nous remettre copie.

Veuillez agréer, monsieur le Président, l'assurance de notre considération la plus distinguée.

Le Président
François Gondrand

Le Secrétaire
Henry Blanc

***

Avant de donner les réponses à cette lettre, nous tenons à mentionner que la **Chambre de commerce de Parme,** avait, dans la séance du 17 mai, adopté un ordre du jour exprimant des *desiderata* conformes à ceux exprimés, le 6 mai, par la Chambre de commerce italienne de Milan. La Chambre de Parme nous écrivit à cet effet la lettre suivante:

21 juin. — **Chambre de Commerce de Parme.**

Afin de vous tenir informé des actes de notre Chambre, concernant les aspirations et les vœux manifestés par les Représentations commerciales de France et d'Italie pour une reprise des rapports commerciaux, dans un intérêt commun, je considère comme un devoir agréable de vous communiquer l'ordre du jour voté par notre Chambre dans la séance du 17 mai, alors qu'il fut donné lecture des délibérations de l'Assemblée des Chambres de commerce tenue à Rome le 21 avril où notre Chambre était représentée.

« La Chambre,

« Après avoir pris acte de l'ordre du jour voté par l'As-« semblée des Chambres de commerce tenue à Rome le 21 avril « dernier.

« Heureuse que les Représentations commerciales italiennes « se soient solennellement affirmées favorables au rétablisse-« ment d'un équitable régime conventionnel entre les deux na-« tions sœurs sur le champ économique et pour leur intérêt « commun ;

« Rappelant et confirmant ses propres délibérations prises « sur cet important argument, dans la séance du 23 avril 1894 « N. 304, souhaite que l'intelligente campagne commencée par « les Chambres de commerce italiennes et françaises trouve « dans les deux pays et auprès des gouvernements respectifs « la faveur et l'appui efficace qui sont indispensables au rapide « accomplissement du but désiré.

Le Président

ENRICO CHIAVELLI. »

Comme Milan, la Chambre de Parme a ainsi tenu à étendre et compléter l'ordre du jour voté par le Congrès de Rome.

***

Nous en venons maintenant à reproduire les lettres ou délibérations des Chambres de commerce et Chambres syndicales de France.

Chambres de commerce.

A la suite de la Conférence de Bari, les Chambres de **La Rochelle, Marseille, Bordeaux, Toulon, Honfleur, Rouen, Paris, Lyon, Angers, Saint-Dizier**, avaient fait connaître explicitement leur opinion favorable: nous avons reproduit les lettres de ces Chambres: nous verrons cependant que quelques-unes d'entre elles ont tenu à manifester à nouveau leur désir d'un accord entre les deux pays.

Nous laissons la parole aux Chambres de France:

13 avril. — **Chambre de commerce de Dunkerque.**

« J'ai l'honneur de vous accuser réception de votre circulaire du 8 courant, par laquelle vous appelez l'attention toute spéciale de notre Compagnie sur la question d'une reprise des relations commerciales entre la France et l'Italie.

« Je ne manquerai pas de placer votre communication sous les yeux de mes collègues, mais la Chambre ayant déjà pris une délibération de principe au sujet du rétablissement des relations commerciales avec la Suisse, je me fais un devoir de vous en adresser dès maintenant ampliation. »

De cette délibération, datée du 22 février 1895, nous extrayons les passages suivants, qui montrent bien les idées de la Chambre de commerce de Dunkerque, sur la question des traités de commerce :

« Considérant que si la France a besoin de produire, elle a non moins besoin d'échanger, en raison de la diversité de ses produits qu'elle ne peut consommer;

« Considérant qu'un gouvernement ne doit pas songer seulement à ceux qui produisent pour vendre à l'intérieur, mais que ceux-là aussi ont droit à sa sollicitude qui répandent au dehors notre réputation avec nos produits;

« Qu'il y aurait un péril immense à isoler la France en ne renouant pas avec les pays étrangers les conventions commerciales indispensables à nos exportations;

« Que, si notre commerce extérieur venait à être amoindri dans de notables proportions, les producteurs eux-mêmes seraient atteints;

« Qu'en effet, les matières premières étrangères nécessaires à notre industrie nationale ne pourraient plus, à bref délai, être payées en grande partie qu'avec de l'or;

« Qu'une crise monétaire des plus graves serait la conséquence de cette situation; etc., etc. »

D'autre part, dans sa séance du 27 mai, la Chambre de commerce de Dunkerque a renvoyé à la **Commission des chemins de fer** l'examen des documents transmis par la Chambre de commerce française de Milan et relatifs à la reprise des relations commerciales entre la France et l'Italie.

13 avril. — « **La Chambre de commerce de Grenoble** s'est toujours montrée favorable à la reprise des relations commerciales entre la France et l'Italie et elle s'empressera certainement d'exprimer les désidérata de l'industrie et du commerce de sa circonscription. »

13 avril. — **Chambre de commerce d'Angers**. « Notre Chambre toujours favorable à la reprise des relations commerciales entre la France et l'Italie, vous remercie de votre communication. »

2 mai. — **Chambre de commerce du Mans.**

« ..... La Chambre exprime le vœu qu'une entente puisse intervenir entre les deux pays qui en retireraient, l'un et l'autre, les plus grands vantages..... »

La Chambre de commerce du Mans a fait également publier dans son Bulletin N. 66 de juin 1885, l'ordre du jour du Congrès de Rome, et celui de notre Chambre contenant l'ordre du jour de la Chambre de commerce italienne de Milan.

4 mai. — **Chambre de commerce de Boulogne-sur-mer** « J'ai donné communication de ce document (le tarif des douanes italien) à nos honorables collègues, lors de notre dernière réunion, et, sur ma proposition, ils ont décidé que la question soulevée par votre Compagnie serait étudiée et que, d'accord avec les autres Chambres de commerce, celle de Boulogne travaillerait au développement des relations commerciales entre la France et l'Italie, »

7 mai. — La **Chambre de commerce de Toulouse** va étudier la question.

8 mai. — « La **Chambre de commerce de Nîmes** verra avec plaisir la reprise des relations commerciales entre la France et l'Italie et fait des vœux pour la réussite des efforts tentés en ce sens. »

17 mai. — **Chambre de commerce de Lille.** Extrait du procès-verbal de la séance du 17 mai 1895.

Délibération relative à la reprise des relations commerciales franco-italiennes.

« Monsieur le Président donne connaissance d'une lettre de la Chambre de commerce française de Milan et des documents qui y sont joints.

Il en résulte qu'un très grand mouvement se produit actuellement en Italie pour arriver à la reprise des relations commerciales avec la France, que la plupart des Chambres de commerce de ce pays se sont prononcées en faveur de cette reprise au moyen d'un équitable régime conventionnel et qu'un pressant appel est fait aux Chambres de France pour y aider.

Après en avoir délibéré sur l'invitation de son Président, la Chambre de commerce de Lille en présence d'une manifestation aussi importante de la part de l'Italie qui dénote le ferme désir d'aboutir à une entente;

Considérant qu'un régime conventionnel équitable lui parait le seul moyen de ramener l'accord économique entre les deux pays;

Se déclare volontiers disposée à appuyer de tout son pouvoir les propositions qui seraient faites en ce sens. »

Le Président de la Chambre de Lille nous avait annoncé cette délibération par une lettre du 26 mai, dont nous sommes heureux de rapporter les passages suivants:

« . . . . J'ai dans sa dernière séance donné connaissance de ces deux documents à la Chambre que j'ai l'honneur de présider. Elle m'a chargé de vous faire connaître qu'elle était en complète communauté d'idées avec votre Compagnie pour la reprise des relations commerciales entre l'Italie et la France, sous un régime conventionnel équitable.......

...... Sur votre initiative et vos démarches réiterées, vous avez amené toute l'Italie commerciale à désirer le rétablissement de ces relations (66 Chambres de commerce sur 74 ont manifesté leur avis en ce sens). C'est un succès dont nous vous félicitons: nous en sommes heureux et soyez assurés que nous appuierons en toutes circonstances les mesures propres à ramener la reprise des relations amicales d'autrefois que nous aurions désiré vivement ne voir jamais interrompues. Vous pouvez être certain que nous ne négligerons aucun moyen de vous venir en aide, lorsque l'occasion s'en présentera. »

17 mai. — **Chambre de Commerce d'Angers.** - « Le Président donne lecture d'une lettre du Président de la Chambre de Commerce française de Milan, relative à la reprise des relations commerciales avec l'Italie, à laquelle sont joints l'ordre du jour voté par le Congrées des chambres italiennes, tenu à Rome le 21 Avril dernier, et ceux des 6 et 7 mai dernier, votés par les chambres de commerce italienne et française de Milan, des quels il résulte que ju'squ'à ce jour, 66 chambres de commerce italiennes, sur 74, sont favorables à la reprise des relations franco-italiennes, et qu'un grand nombre des chambres de commerce françaises ont adhéré en principe à un rapprochement commercial.

La Chambre de Maine-et-Loire, se reportant à sa déliberation du 22 novembre 1894, en renouvelle les conclusions favorables et décide d'en adresser copie à la chambre de commerce française de Milan. »

22 mai. — **Chambre de commerce de Cette.** Extrait du procès verbal de la séance du 22 mai.

« La Chambre de commerce française de Milan, par une circulaire du 11 mai, invite les Chambres de commerce de France à prendre des délibérations en faveur d'une reprise des relations commerciales franco-italiennes.

Des vœux dans ce sens ont déjà été émis par les Chambres de commerce de toute l'Italie.

La Chambre de commerce de Cette,

Considérant que la rupture des relations commerciales franco-italiennes a porté un grave préjudice au commerce français en général, à celui du port de Cette en particulier.

Considérant que cet état de choses se peut se prolonger sans aggraver encore la crise qui sévit depuis que la France a fermé ses portes aux produits étrangers et provoqué des représailles de la part des autres peuples.

Emet le vœu,

Que les négociations se poursuivent entre les gouvernements français et italien, en vue d'aboutir à un accord commercial. »

27 mai. — **Chambre de commerce d'Auxerre.** « En réponse à votre circulaire du 8 avril dernier, j'ai l'honneur de vous informer que la *Chambre de Commerce d'Auxerre* est toute disposée à rechercher les moyens de faciliter la reprise des relations commerciales entre la France et l'Italie...... ».

27 mai. — **Chambre de commerce de Montpellier.** « J'ai l'honneur de vous informer que la *Chambre de commerce de Montpellier* recevra dans sa prochaine réunion, la communication du compte rendu de la séance que votre Conseil a tenu le 7 mai courant et dans laquelle a été renouvelé le vœu tendant à la reprise des relations commerciales franco-italiennes.

En vous remerciant de l'envoi du dit document, et pour satisfaire au désir exprimé dans votre honorée lettre du 11 de ce mois, je m'empresserai de vous transmettre la délibération qui sera prise par notre Chambre, désireuse d'ailleurs de s'associer aux manifestations unanimement favorables à l'accomplissement du but depuis longtemps poursuivi »

31 mai. — **Chambre de commerce d'Avignon.** « Notre Chambre de commerce, à qui j'ai fait part, à sa dernière séance, des documents que vous avez bien voulu m'adresser les 8 avril et 11 mai dernier, s'est déclarée, en principe, toute favorable à la reprise des relations commerciales entre la France et l'Italie. »

31 mai — **Chambre de commerce de Limoges.** « En présence de la situation faite à notre commerce par l'interruption des échanges entre la France et l'Italie, interruption qui est on ne peut plus préjudiciable au développement des diverses industries des deux pays,

La Chambre de commerce émet un vœu tendant à obtenir qu'une entente intervienne entre les deux puissances pour la reprise des relations commerciales. »

Ce vœu a été transmis par la Chambre de commerce de Limoges à M. le Ministre du Commerce.

5 juin. — **Chambre de commerce de Roubaix.**

Séance du 5 juin 1895- Présidence de M. Julien Lagache. Président.

« La Chambre de Commerce de Roubaix, invitée par la Chambre de commerce française de Milan à faire connaître par une délibération spéciale, ses sentiments sur la reprise des relations commerciales entre la France et l'Italie.

Se déclare favorable à un rapprochement commercial et associe ses vœux à ceux des Chambres de commerce italiennes et françaises pour la reprise des rapports commerciaux entre les deux pays.

Copie de la présente délibération sera adressée à la Chambre de commerce française de Milan. »

9 juin. — **Chambre de commerce d'Aubenas.** —

Extrait du procès verbal:

« Monsieur le Président communique divers documents tendant à obtenir de la Chambre son appui en faveur de la reprise des négociations commerciales soit avec la Suisse, soit avec l'Italie.

Pour la Suisse.......

Pour l'Italie, dans une lettre en date du 11 mai, dont lecture est donnée, la Chambre de commerce française de Milan signale en Italie une manifestation importante des Chambres de commerce de la péninsule en faveur de la reprise des relations commerciales avec la France, et sollicite des Chambres de commerce de notre pays une manifestation analogue.

Après en avoir délibéré et en accentuant son désir de voir disparaître la tension regrettable qui entrave actuellement nos relations avec l'Italie;

La Chambre considérant que l'expression d'un vœu plus précis dans une question aussi complexe nécessite une étude approfondie;

Se borne pour le présent à souhaiter que notre gouvernement apporte toute la bienveillance compatible avec notre dignité et nos intérêts nationaux, dans l'examen des ouvertures qui pourront lui être faites par l'Italie. »

13 juin. — **Chambre de commerce de Honfleur.**

La Chambre,

Vu la lettre de la Chambre de commerce française de Milan, en date du 11 mai dernier relative à la reprise des relations commerciales franco italiennes;

Vu sa délibération en date du 15 février 1895, favorable à la reprise des relations commerciales franco-suisses;

Considérant qu'il y a intérêt pour le commerce général de la France à ce qu'un accord douanier intervienne entre elle et l'Italie;

Considérant qu'après de longs pourparlers entre la France et l'Espagne un accord est intervenu entre ces deux pays et que très probablement un analogue va intervenir prochainement entre la France et la Suisse;

Considérant que la reprise des relations commerciales entre la France et l'Italie est vivement réclamée par les représentants du commerce italien, notamment par 66 Chambres de commerce sur 74 qui existent dans ce pays;

Que, dans ces conditions, il doit être possible également, par des concessions réciproques, sur l'état de choses actuel, d'établir un *modus vivendi* acceptable par la France et l'Italie dont les bonnes relations commerciales ne peuvent qu'être avantageuses pour les deux pays;

Par ces motifs,

Emet le vœu que des négociations soient entamées prochainement avec l'Italie en vue d'arriver à un accord douanier;

et décide qu'une copie de la présente délibération sera transmise à MM. les Ministres du commerce et des affaires étrangères.

17 juin. — **Chambre de Commerce de Nice.**

« Vous avez appelé la Chambre de Commerce de Nice à délibérer sur la question d'une reprise des relations commerciales entre la France et l'Italie.

J'ai l'honneur de vous informer, qu'après avoir pris connaissance des divers documents que vous avez bien voulu lui adresser, la Chambre considérant que la reprise des relations commerciales entre la France et l'Italie serait très avantageuse pour le commerce français et notamment pour celui de notre circonscription et qu'elle permettrait de tirer des provinces limitrophes italiennes, et à des conditions avantageuses, la plus grande partie des denrées alimentaires que consomment nos populations, a décidé de s'associer complétement au vœu exprimé par la Chambre de commerce française de Milan pour la conclusion d'un nouveau traité de commerce entre les deux pays. »

8 juillet. — **Chambre de Commerce de St. Omer.**

Extrait du procès-verbal de la séance du 8 juillet.

L'an mil huit cent quatre vingt quinze, le lundi huit juillet à trois heures du soir.

Messieurs les membres composant la Chambre de commerce de S.t Omer se sont réunis dans la salle ordinaire de leurs délibérations sous la Présidence de M. Hermant Bouquillon chévalier de la Légion d'honneur.

Communication est donnée d'une lettre de la Chambre de commerce française de Milan et des documents qui y sont joints, relatifs à la reprise des relations commerciales avec la France,

La Chambre,

Après avoir écouté la lecture de ces divers documents se déclare en principe toute favorable à la reprise de ces relations. Elle est néanmoins d'avis que l'Italie ayant dénoncé le traité, c'est à elle qu'il appartient par conséquent de prendre l'initiative des nouvelles négociations.

Elle décide en outre qu'un extrait de la présente délibération sera adressée à M. le Ministre du Commerce de l'Industrie des Postes et des Telégraphes, et à Monsieur le Président de la Chambre de commerce française de Milan. »

Chambre de Commerce de Villefranche (Rhône)

Extrait du Registre des Délibérations

Séance, 12 septembre 1895.

Etaient présents Messieurs Moreau, Président; Muesant, Vice-Président; Planche, Vermorel, Bernard et Moniotti, membres, Carret, Secrétaire-Trésorier.

Monsieur le Président donne lecture d'une lettre de la Chambre de commerce française de Milan, du 5 avril 1895, appelant les Chambres de France à étudier les moyens de reprendre les relations commerciales avec l'Italie, dans les meilleures conditions possibles au point de vue économique français:

La Chambre, tout en regrettant que sa récente création ne lui ait pas permis d'examiner plus tôt cette importante question, s'associe en principe à ce vœu et demandera à la Chambre de Milan de vouloir bien envoyer le tarif des douanes édité en 1894 et tous autres renseignements utiles.

La **Chambre de Commerce de Beauvais,** dans sa séance du 9 novembre 1895, a adopté les termes et les conclusions d'un rapport de M. *Communeau*, entrant dans le mérite de la question, et étudiant les modifications à apporter à plusieurs articles du tarif italien, de manière à servir de base à une entente entre les deux nations.

Ce Rapport de la Chambre de Commerce de Beauvais prendra place dans une autre de nos prochaines publications.

Syndicats et Chambres Syndicales.

12 avril 1895. — La **Chambre Syndicale des Fleurs et Plumes, de Paris**, après avoir pris connaissance de la lettre de votre chambre,

« Exprime le vœu de voir s'améliorer les relations commerciales entre les deux pays. »

7 mai. — **Chambre des Négociants Commissionnaires et du Commerce extérieur. Paris.**

Extrait du procès verbal de la séance du 7 mai 1895.

« Sur la demande de la Chambre de commerce française de Milan, le Comité décide de porter à l'ordre du jour des prochaines séances la reprise des relations commerciales de la France et de l'Italie.

Au mois d'octobre dernier, presque toutes les Chambre de commerce d'Italie se sont réunies en conférence à Bari et ont nommé une commission spéciale pour établir les bases d'une entente commerciale entre les deux nations.

Cette commission doit se réunir incessamment à Rome.

En conséquence, les Chambres de commerce et les Chambres syndicales françaises sont invitées à faire connaître leurs vues sur la même question. Notre Chambre, dit M. le Président, ne se dérogera pas à cette invitation.

A cet égard M. le Président observe que l'attitude prise par la Chambre de commerce française de Milan, pour amener un rapprochement commercial entre la France et l'Italie, ne laisse pas d'être désagréable pour elle. Elle s'est attirée récemment une violente sortie du *Travail national*, l'un des organes de M. Méline, lequel, en termes parfaitement explicites, a menacé cette Compagnie de la comprendre avec les écoles d'enseignement commercial fondées par nos Chambres de commerce libérales, parmi les œuvres pour lesquelles le parti protectionniste se réserve de demander à l'Etat de supprimer ses subventions. Telle est la façon dont les protectionnistes entendent encourager ceux qui luttent pour relever la prosperité de notre commerce extérieur ! (*Vives protestations*). »

7 mai. — La **Chambre Syndicale des Réprésentants de Fabriques et de Commerce de Paris** :

« Ayant pris communication d'une lettre de la Chambre de commerce française de Milan, relative à la question d'une reprise des relations commerciales entre la France et l'Italie ;

S'associe aux sentiment élevés exprimés dans cette lettre, souhaitant de voir des relations plus cordiales s'établir entre les deux pays. »

La **Chambre Syndicale de Bijouterie imitation de Paris** a pris connaissance de nos documents dans sa séance du 8 mai, celle des **Distillateurs en gros de Paris**, dans sa séance du 7 mai.

9 mai. — **Chambre Syndicale des filateurs et négociants en laines de Paris.**

« Notre Chambre syndicale du commerce des laines sera fort heureuse de faire tous ses efforts pour la reprise des relations commerciales avec l'Italie Elle ne saurait trop vous assurer de sa gratitude pour les soins que vous donnez à cette importante question, etc.

11 mai. — **Union des Marchands de soie de Lyon.** « Nous avons l'honneur de vous accuser réception de votre lettre en date du 15 avril dernier, par laquelle, en nous communiquant copie d'une lettre que M. le Président de la Chambre de commerce de Bari vient d'adresser à toutes les Chambres de commerce, vous appelez notre attention sur la question de la reprise des relations commerciales entre la France et l'Italie.

Notre Syndicat, partisan résolu des traités de commerce, appuiera de tous ses vœux un mouvement d'opinion dans ce sens, et donne d'avance son entière adhésion à tous les efforts qui seront tentés en vue d'une entente possible. »

13 mai. — La **Chambre Syndicale des Négociants en diamants de Paris :**

« Ayant pris communication d'une lettre du Président de la Chambre de commerce française de Milan au sujet de la reprise des relations commerciales entre la France et l'Italie,

« S'inspirant de l'intérêt général du commerce français, exprime l'espoir que les efforts effectués des deux côtés des Alpes seront couronnés de succès. »

14 mai. — « La **Société d'Economie industrielle et commerciale de Paris** dans sa séance du 3 courant, m'a donné mission de venir vous remercier des communications que vous avez bien voulu lui faire par votre lettre circulaire du 22 avril, dont elle a pris connaissance avec le plus grand intérêt.

Décidée à vous aider, dans la mesure de ses moyens, à la réussite de la tâche que vous avez entreprise, de trouver les bases du rétablissement des bonnes relations commerciales entre les deux pays, elle recevra, avec la plus grande reconnaissance, communication des documents que vous voulez bien offrir aux groupes syndicaux français, en vue de leur faciliter l'étude des intérêts et désiderata de leur ressort. »

19 mai. — **Syndicat Général de l'Union Nationale de l'industrie et du commerce. Paris.**

« Nous avons l'honneur, en vous accusant réception de votre lettre circulaire du 15 avril dernier, de vous faire part de l'excellente impression qu'ont éprouvée nos collègues en ayant connaissance des efforts que vous déployez en vue de la reprise des relations commerciales entre la France et l'Italie.

Nous sommes heureux de vous transmettre les félicitations de notre Compagnie ainsi que ses souhaits de complète réussite pour l'accomplissement de l'œuvre utile à laquelle vous vous consacrez de concert avec la Chambre de commerce de Bari..... »

21 mai. — **Chambre [illegible]cale des Industries diverses de l'article de Paris.** —

Extrait du procès-verbal de la séance du 21 mai 1895.

« Dépôt est fait sur le Bureau du *Bulletin mensuel de la Chambre de commerce française de Milan.* M. le Président avise le Syndicat que ce Bulletin était accompagné d'une lettre du Président de la Chambre de commerce française de Milan, nous apportant un extrait du procès-verbal de la séance de son Conseil, en date du 7 mai et contenant en outre :

1.° L'ordre du jour voté par le Congrès des Chambres italiennes, tenu à Rome, le 21 avril ;

2.° L'ordre du jour voté par la Chambre italienne de Milan, le 6 mai ;

3.° L'ordre du jour voté par la Chambre française de Milan le 7 mai.

Tous ces ordres du jour formulent le vif désir d'une reprise des relations commerciales entre l'Italie et la France.

Notre Chambre s'y associe volontiers et serait très heureuse de la reprise des affaires entre les deux pays. »

24 mai. — **Syndicat des Produits alimentaires en gros, Paris.**

« Délibérant sur la question soumise à son examen par la Chambre de commerce française de Milan, touchant les relations commerciales entre la France et l'Italie, le Comité du Syndicat des Produits alimentaires en gros, considère comme un devoir de protester contre la rupture des traités entre ces deux nations et charge son secrétaire d'aviser la Chambre de Commerce française de Milan, qu'il donne son approbation à toute tentative ayant pour but d'engager les gouvernements intéressés à négocier de nouveaux traités commerciaux. »

25 mai. — **Association générale des tissus et des matières textiles de Paris.**

« J'ai l'honneur de vous accuser réception de vos lettres du 15 et 17 mai et des documents que les accompagnaient.

L'*Association générale des tissus et des matières textiles* en a pris connaissance dans sa dernière séance mensuelle. Première inspiratrice de l'Union franco-suisse dont le siège est établi dans nos bureaux, notre Association verrait avec plaisir la reprise des relations commerciales avec l'Italie qui ne pourrait qu'être avantageuse pour les commerçants des deux pays.

25 mai. — **Syndicat du commerce en gros des Bois merrains de Bordeaux.** — « Le Syndicat du commerce en gros des Bois Merrains :

Considérant qu'il y a grand intérêt pour la France à voir reprendre et se développer ses relations commerciales avec l'Italie.

Que le commerce international ne peut prendre son extension qu'à l'aide d'un régime douanier basé sur les besoins d'une juste réciprocité.

Déclare s'associer complétement aux manifestations des Chambres de commerce françaises et italiennes ayant pour but un rapprochement entre les deux nations sur le terrain commercial.

Adresse ses félicitations à la Chambre de commerce française de Milan pour l'initiative qu'elle a prise — et exprime le vœu qu'un *modus vivendi* soit élaboré et réalisé par les deux gouvernements qui puisse donner sans retard les satisfactions réciproques si désirées. »

28 mai. — **Chambre Syndicale des Fabricants francais de Machines à coudre et des Industries qui s' y rattachent.** — Extrait du procés verbal.

Le Président donne connaissance :

D'une circulaire de la Chambre de Commerce Française de Milan accompagnée d'une extrait du procés verbal de la séance du 7 mai 1895 contenant l'ordre du jour émettant le vœu que les relations commerciales soient reprises entre la France et l'Italie.

Après cette lettre, la Chambre exprime le vœu de voir s'améliorer les relations commerciales entre les deux pays.

28 mai. — « Le **Syndicat cotonnier de l'Est.**

Vu la déliberation de la Chambre de commerce française de Milan en date du 7 mai 1895.

S'associe pleinement à cette manifestation en faveur de la reprise des rapports commerciaux entre l'Italie et France et est tout disposé à appuyer auprès du gouvernement de la République l' application à l' Italie du tarif minimum français en retour d'avantages équivalents. »

28 mai. — **Chambre Syndicale des Cuirs et Peaux de Paris.**
« Les membres de notre Chambre syndicale s'associent tous de grand cœur à voir les relations commerciales se rétablir entre la France et l'Italie et vous assurent qu'ils feront tous leurs efforts pour que ces négociations soient reprises le plus promptement possible..... »

28 mai. — **Chambre Syndicale de la Ganterie et des peaux pour gant de Paris.** — « Nous serions comme vous très désireux que l'on puisse arriver à établir les bases d'une entente pour la reprise des relations commerciales entre les deux pays...... »

28 mai. — L'**Association nationale de la Meunerie française de Paris** nous informe qu'elle a fait mention, dans son organe quotidien, *Le Marché Français* (N° du 29 mai) des communications que nous lui avons faites relatives aux ordres du jour des Chambres de commerce italienne et française de Milan.

29 mai. — **Syndicat Marseillais de la Marine Marchande.**

« Nous avons l'honneur de vous accuser réception de votre intéressante communication en date du 17 mai, concernant les divers ordres du jour adoptés par le Congrès des Chambres italiennes, par la Chambre italienne de Milan et par votre Chambre de commerce, en faveur d'une reprise des relations commerciales entre la France et l'Italie.

Nous vous informons que le Syndicat Marseillais de la Marine marchande, en ayant pris connaissance dans sa séance de ce jour, a décidé qu'il s'associait complétement aux vœux exprimés par la Chambre de commerce française de Milan concernant l'établissement d'un équitable régime conventionnel entre les deux pays. »

30 mai. — Le **Syndicat des vins et spiritueux de Fougerolles** prendra connaissance de nos communications dans le courant de ce mois. M.r J. Bertrand, Président, espère qu'elles seront accueillies favorablement et qu'il pourra nous envoyer fin juin extrait de la délibération prise à ce sujet.

30 mai. — « La **Chambre Syndicale des négociants en amandes de la ville d'Aix.** — Après avoir pris connaissance des divers ordres du jour votés par le Congrès des Chambres italiennes et par la Chambre de commerce de Milan, concernant une reprise des relations commerciales entre les deux pays, manifeste son désir de voir renouer les anciennes relations entre les deux nations et exprime le vœu qu'un accord s'établisse bientôt entre la France et l'Italie.

Elle s'associe de tout cœur aux vœux exprimés dans l'ordre du jour qui lui a été communiqué par la Chambre de commerce française de Milan et fera tout son possible pour faire aboutir à ce but désiré. »

30 mai. — **Comité Central des Chambres Syndicales.**

« La Chambre de commerce française de Milan nous communique un vœu qu'elle vient d'émettre pour provoquer l'ouverture de négociations pour la reprise des relations commerciales avec la France.

« Nous ne pouvons, ainsi que nous l'avons fait à l'égard de la Suisse qu'approuver toutes les démarches qui seront faites en vue d'améliorer nos relations commerciales avec les pays étrangers. »

31 mai. — **Chambre Syndicale de l'Ameublement, Paris.**

« La Chambre Syndicale de l'Ameublement de Paris, convaincue de la nécessité d'accueillir et d'encourager tout ce qui peut maintenir et améliorer les rapports commerciaux entre les deux pays, s'associe pleinement aux vœux exprimés dans ce sens par la Chambre de commerce française de Milan. »

3 juin. — La **Chambre Syndicale de la chaudronnerie et ferblanterie de Paris**, va étudier la question.

4 juin. — **Chambre Syndicale des Tissus et des matières textiles de S. Etienne.**

« La Chambre après avoir pris connaissance de la lettre de Monsieur le président de la Chambre de commerce française de Milan et des vœux émis par 66 Chambres de commerce italiennes.

Considérant qu'une reprise des relations commerciales entre la France et l'Italie ne saurait qu'être profitable aux échanges, que cette reprise est souhaitée par la grande majorité des commerçants et industriels de S.t Etienne et de la région émet le vœu que les démarches faites par la Chambre de Commerce française de Milan obtiennent un prompt résultat et s'y associe complétement. »

6 juin. — **Chambre Syndicale de la Brosserie. Paris.**

« Nous allons étudier la question que vous nous soumettez et vous assurons de tous nos efforts pour tâcher d'y faire apporter une solution favorable. »

6 juin. — **Syndicat des Patrons chapeliers de Marseille.**

« J'ai la satisfaction de vous annoncer que tous les membres de notre Société adhèrent de tout cœur à l'œuvre entreprise par votre Chambre de commerce, et forment les vœux les plus sincères pour la réussite de votre patriotique entreprise. »

7 juin. — « La **Chambre Syndicale de l'Union de l'Industrie Cotonnière de Roanne, Thizy et la Région**, après avoir pris connaissance dans sa séance du 30 mai dernier, de votre estimée lettre du 17 de ce même mois ainsi que des documents qui l'accompagnaient; déclare s'associer, à l'unanimité, aux vœux des Chambres de commerce italiennes, pour une prompte reprise des relations commerciales Franco-italiennes. »

7 juin. — **Syndicat des Patrons moireurs de Lyon.**

« Après avoir pris connaissance de l'Extrait du Procès verbal de la séance de la Chambre de commerce française de Milan, du 7 mai 1895, contenant:

1° l'ordre du jour voté par le Congrès des Chambres italiennes tenu à Rome le 21 avril dernier.

2° l'ordre du jour voté par la Chambre italienne de Milan, le 6 mai suivant.

3° l'ordre du jour voté par votre Chambre le 7 du même mois.

Notre Chambre syndicale, dans sa réunion d'hier, 7 courant, a pris une délibération conforme à votre demande, c'est-à-dire, favorable à une reprise des relations commerciales entre la France et l'Italie. »

11 juin — **Alliance syndicale du commerce et de l'industrie. Paris.**

Extrait du procès-verbal de la séance du 11 juin 1895.

« ..... Lecture est donnée d'une lettre de la Chambre de commerce française de Milan, remettant un extrait du procès-verbal de la séance du 7 mai et contenant:

L'ordre du jour voté par la Chambre italienne de Milan, le 6 mai;

L'ordre du jour voté par la Chambre française de Milan, le 7 mai;

Ces divers ordres du jour sont favorables à une reprise des relations commerciales entre l'Italie et la France et le Président de la Chambre française de Milan, prie l'Alliance de lui faire connaître son opinion.

L'Assemblée consultée déclare, à l'unanimité, se rallier aux ordres du jour votés par les Chambres italiennes, et appuyer les vœux exprimés pour une prochaine reprise des relations commerciales entre les deux pays. »

11 juin. — **Chambre des Négociants-Commissionnaires et du commerce extérieur. Paris.**

Extrait du procès-verbal :

Reprise des relations commerciales avec l'Italie; lettres de la Chambre de commerce française de Milan.

M. *le Président* dit que depuis la dernière séance où le Comité a décidé de s'occuper de la question de la reprise des relations commerciales franco-italiennes, il a reçu de la Chambre de commerce française de Milan une nouvelle lettre transmettant à notre Chambre un extrait du procès-verbal de la séance de son Conseil, en date du 7 mai, contenant un ordre du jour voté par le Congrès des Chambres italiennes, tenu à Rome le 21 avril dernier, un ordre du jour voté par la Chambre italienne de Milan, et enfin l'ordre du jour voté par la Chambre française elle-même dans la séance précitée.

Celle-ci demande à notre Chambre, devant l'unanimité des sentiments exprimés en Italie, de bien vouloir à son tour y correspondre en faisant connaître son opinion par une délibération spéciale.

M. *Paul Kinsbourg* observe que le Comité a déjà exprimé son désir de voir renouer les anciennes relations entre la France et l'Italie, dans le rapport qui a été déposé en son nom au sujet d'un projet de révision de la classification des marchandises dans le répertoire douanier italien.

M. *Jules Bloch* est d'avis de répondre à la demande actuelle de la Chambre de commerce française de Milan par un vœu tendant à une modification du régime douanier entre les deux pays portant non seulement sur la classification, mais sur la tarification des marchandises à leur entrée en Italie.

M. *le Président* dit qu'il n'y a pas lieu de souder la question qui nous est présentement adressée par la Chambre de commerce française de Milan à celle dont elle nous avait antérieurement saisie, au sujet du répertoire des douanes d'Italie. Ce qu'elle nous demande aujourd'hui, c'est un vote de principe au sujet du rétablissement des relations commerciales avec l'Italie sur les bases d'une entente entre ce pays et la France. Il s'agit sans doute d'un *modus vivendi* sur la base du traitement de la nation la plus favorisée, en attendant que l'on puisse conclure un traité de commerce. Y a-t-il quelqu'un dans cette Chambre qui soit contraire à une semblable entente ?

Plusieurs membres déclarent, au contraire, que la Chambre ne peut qu'approuver une entente commerciale avec l'Italie, comme d'ailleurs avec tous les pays commerçants du monde.

M. *Amédée Prince* propose l'ordre du jour suivant :

« La Chambre des Négociants Commissionnaires et du Commerce extérieur, en présence du vote émis par soixante-six Chambres de commerce italiennes en faveur de la reprise des relations commerciales entre la France et l'Italie ;

« Considérant que la seule manière d'entretenir des relations pacifiques et amicales entre nations est de faciliter entre elles les relations commerciales ;

« Qu'il est d'ailleurs de l'intérêt manifeste du commerce français d'assurer à ses marchandises en Italie un traitement égal à celui réservé au commerce étranger ;

« Délibère

« Qu'elle s'associe complétement aux vœux exprimés par les Chambres de commerce italiennes et par la Chambre de commerce française de Milan, en faveur du prochain rétablissement d'un régime conventionnel entre la France et l'Italie. »

Cet ordre du jour, mis aux voix, est adopté à l'unanimité.

11 juin. — **Chambre Syndicale de la céramique et de la verrerie. Paris.**

« Monsieur le Président communique à la Chambre Syndicale.

La lettre en date du 17 mai qu'il a reçue de la Chambre de commerce française de Milan, relativement aux relations commerciales franco-italiennes;

La Chambre émet un vœu favorable à la reprise des relations commerciales entre les deux pays, relations qu'elle a vu interrompre avec le plus grand regret. »

12 juin. — **Chambre Syndicale de la Literie et des industries qui s'y rattachent. Paris.**

Extrait du procès-verbal :

« M. le Président donne lecture d'une lettre de la Chambre de commerce française de Milan nous donnant communication d'un extrait du procès verbal de la séance du 7 mai 1895 demandant à notre Chambre son concours en votant un avis favorable a la reprise des relations commerciales entre les deux pays.

Le bureau accusera réception de la présente en donnant avis des dispositions favorables de notre syndicat. »

13 juin. — **Association Syndicale du Marché des Farines Douze Marques de Paris.**

« La Commission de l'Association Syndicale du Marché des Farines Douze Marques de Paris a eu communication, dans sa séance du 13 courant, de votre honorée lettre du 17 mai dernier.

« Après avoir lu avec intérêt les documents qu'elle lui portait, notre Commission, considérant que la reprise des relations commerciales avec l'Italie ne peut qu'être profitable au Commerce en général, a émis, à l'unanimité, le vœu que les deux gouvernements arrivent à une entente, afin d'abaisser les barrières commerciales qui existent entre les deux pays. »

14 juin. — **Comité des Forges de France. Paris.** — *Extrait du Procès verbal de la Réunion de la Commission de Direction du Comité des Forges de France du 14 juin 1895.*

« La Commission de Direction du Comité des forges de France, après avoir pris connaissance:

1° de l'ordre du jour voté par le Congrès des Chambres de commerce italiennes, tenu à Rome, le 21 avril dernier ;

2° de l'ordre du jour voté par la Chambre de commerce italienne de Milan, le 6 mai dernier ;

3° de l'ordre du jour voté par la Chambre de commerce française de Milan, le 7 mai dernier.

Déclare s'associer aux vœux exprimés en faveur d'une reprise des relations commerciales entre la France et l'Italie. »

15 juin. — **Chambre Syndicale des Patrons mégissiers de Graulhet (Tarn)**

« Le Syndicat des Patrons mégissiers de Graulhet est tout heureux de vous informer qu'il s'associe entièrement au vœu exprimé dans l'ordre du jour de la Chambre de commerce française de Milan du 7 mai 1895 qui dit : (suit notre ordre du jour). »

17 juin. — **Chambre Syndicale de l'Industrie et du Commerce des Armes, Munitions et articles de chasse. Paris.**

« Monsieur Lemaire communique en outre une lettre de la Chambre de commerce française de Milan, relative à la question d'une reprise des relations commerciales entre la France et l'Italie. Le Comité de la Chambre s'associe aux sentiments exprimés dans cette lettre et envoie à la Chambre de commerce de Milan ses souhaits en faveur d'une reprise commerciale entre la France et l'Italie. Monsieur Lemaire est chargé d'adresser copie de la délibération du Comité de la Chambre syndicale à Monsieur Goudrand, Président de la Chambre de commerce française de Milan. »

17 juin. — **Syndicat du Commerce des Sucres à Paris.** —

« La Chambre Syndicale du Commerce des Sucres de Paris a lu avec un grand intérêt les communications que lui portait votre honorée lettre du 17 mai dernier.

Elle verrait avec plaisir les deux gouvernements arriver à une entente, afin d'abaisser les barrières douanières qui existent actuellement entre les deux pays. »

18 juin. — **Chambre Syndicale des tissus et nouveautés de France. Paris.**

Extrait du procés-verbal:

« M. le Secrétaire donne lecture des deux lettres suivantes : (l'une est de notre Chambre du 27 mai, l'autre du Comité franco-italien de propagande conciliatrice, *de Rome)* :

« M. le Secrétaire continue en donnant lecture des divers documents visés dans les deux lettres ci-dessus, et dont les principaux sont les ordres de jour votés par le Congrès des Chambres de commerce italiennes et par la Chambre de commerce française de Milan, en faveur de la reprise des relations commerciales entre l'Italie et la France.

« M. *Anatole Lévy* prend la parole et exprime tout l'intérêt qu'il y aurait pour l'industrie et le commerce français à reprendre nos anciennes relations avec l'Italie. Il développe, en outre, cette idée, que c'est non seulement à la reprise de nos anciens rapports avec l'Italie que nous devons travailler, mais au retour de traités de commerce avec les autres nations, afin de retrouver, au moins en partie, le chiffre d'affaires considérable que la France à perdu à l'exportation, depuis le nouveau régime économique de 1892.

« M. *Emile Levy* est absolument de l'avis de l'orateur quant à la reprise des relations avec l'Italie. Il pense que le commerce français verrait avec grand plaisir une entente commerciale s'établir entre les deux pays ; mais il estime que, étant donné l'opinion protectionniste de la majorité de notre Parlement, il ne saurait être question, en ce moment, de provoquer un mouvement général en faveur de divers traités de commerce.

« Ce qui lui semble possible, c'est de porter nos efforts sur un point spécial, comme cela s'est fait pour la Suisse, par *l'Union*, presidée par l'honorable M. Poirrier et qui est sur le point d'aboutir.

« C'est, selon lui, le seul moyen d'arriver par étapes à ce que nous désirons tous: des conventions commerciales avec la plus grande partie des autres pays.

« Après quelques obervations de plusieurs membres présents, M *le Président* résume la discussion et fait voter la résolution suivante :

« La Chambre des tissus et nonveautés de France, qui, par « principe, est toujours favorable aux mesures devant amener « la facilité des échanges, ne peut qu'approuver toute manife- « station ayant pour but la reprise des relations commerciales « avec l'Italie. Elle remercie le Comité permanent franco-italien « de propagande conciliatrice siégeant à Rome de ses commu- « nications et s'associe complètement aux Chambres de com- « merce françaises et italiennes qui poursuivent une entente « entre les deux pays. »

19 juin. — **Syndicat des négociants en vins et spiritueux de l'arrondissement de Domfront (Orne).**

« La Chambre syndicale des vins et spiritueux de l'arrondissement de Domfront, dans sa réunion du 19 juin 1895 :

sur la proposition de son Président, au sujet des relations franco-italiennes;

a émis le vœu suivant :

« qu'il soit rétabli un régime douanier équitable entre les « deux pays, afin de faciliter les relations commerciales.

a chargé son Président de bien vouloir transmettre ce vœu à la Chambre de commerce française de Milan ».

19 juin. — **Chambre Syndicale du Bronze d'art imitation. Paris.**

« Le Président donne communication du Bulletin mensuel de la Chambre de commerce française de Milan, accompagné d'un extrait du procès-verbal de cette Chambre du 7 mai 1895.

Après avoir pris connaissance de l'extrait du procès-verbal, notre Chambre vote l'ordre du jour suivant, à l'unanimité :

La Chambre syndicale, réunie le 19 juin, après avoir pris connaissance des ordres du jour votés par le Congrès des Chambres italiennes tenu à Rome le 21 avril dernier;

De l'ordre du jour voté par la Chambre de commerce italienne de Milan le 6 mai ;

De l'ordre du jour voté par la Chambre de commerce française de Milan, le 7 mai ;

Déclare donner son approbation, pleine et entière, aux ordres du jour votés dans ces différentes réunions.

Adresse à M. le Président de la Chambre de commerce française de Milan ses plus vifs remerciements, d'avoir bien voulu nous transmettre ces ordres du jour. »

20 juin. — **Chambre syndicale des Négociants en chiffons de France. — Paris.**

« La Chambre syndicale des Négociants en chiffons de France, dans son Assemblée générale du 20 juin dernier, a voté, à l'unanimité, l'ordre du jour suivant, que j'ai été chargé de vous communiquer :

« L'Assemblée générale des Négociants en chiffons de France « réunie à la Bourse du commerce de Paris, à l'unanimité, « émet le vœu de voir se rapprocher les deux nations sœurs

« l'Italie et la France et espère voir établir comme gage de ce « rapprochement, un régime douanier qui permette l'augmentation du trafic des marchandises entre la France et l'Italie. »

22. juin. — **Réunion des Commissionnaires en bijouterie de Paris.**

« La Réunion des Commissionnaires en bijouterie de Paris a pris connaissance de votre lettre du 17 mai dernier, relative à la reprise des relations Commerciales entre la France et l'Italie. Elle considère qu'une guerre de tarifs est également préjudiciable aux deux nations.

Elle souhaite vivement de voir un régime plus praticable succéder au régime actuel, et les relations commerciales devenir ainsi plus aisées et plus suivies. »

22 juin. — **Chambre Syndicale des chapeaux de Paille et Feutre pour Dames et Fournitures pour Modes. Paris.**

« J'ai l'honneur de porter à votre connaissance que notre Syndicat verrait avec grande satisfaction renaître les bonnes relations commerciales entre l'Italie et la France et vous remercie des efforts que vous tentez à cet effet. »

25 juin. — **Chambre syndicale de la passementerie, mercerie, boutons et rubans. Paris.**

Nous avons l'honneur de vous accuser réception de votre lettre du 17 mai 1895, relative à la reprise des relations commerciales entre l'Italie et la France,

lettre appuyée par :

1.° l'ordre du jour du Congrès des Chambres italiennes tenu à Rome le 21 avril dernier;

2.° l'ordre du jour de la Chambre italienne de Milan du 6 mai dernier;

3.° l'ordre du jour de la Chambre de commerce française de Milan, du 7 mai dernier;

la Chambre de la passementerie, mercerie, boutons et rubans, a pris connaissance du désir exprimé par les soixante-six Chambres italiennes et s'empressera d'examiner la question d'une importance si capitale pour nos industries.

25 juin. — **Chambre du commerce d'exportation. Paris.**

« Nous suivons avec intérêt le grand mouvement qui, grâce à votre initiative et à vos efforts persévérants, s'est produit depuis quelque temps en Italie, dans le but d'arriver à la reprise des relations commerciales avec la France, dont nous avons toujours déploré l'interruption, si préjudiciable aux deux pays.

Nous sommes heureux de constater que la plupart des Chambres de commerce italiennes se sont prononcées en faveur de cette reprise.

Partisans résolus des traités de commerce, nous donnons notre entière adhésion à tous les efforts qui seront tentés en vue du rétablissement des relations commerciales entre la France et l'Italie et nous vous appuierons autant qu'il sera en notre pouvoir pour vous aider à atteindre le but que vous poursuivez avec tant de persévérance ».

26 juin. — **Chambre syndicale de la marbrerie de Paris.**

« Dans sa séance mensuelle du 26 juin, j'ai donné communication à ma Chambre des trois ordres du jour relativement à une reprise des relations commerciales entre l'Italie et la France; je suis autorisé à vous dire que nous serions heureux de voir nos deux gouvernements s'entendre sur la solution de cette question si intéressante pour le commerce des deux pays ».

27 juin. — **Chambre syndicale des mécaniciens, chaudronniers et fondeurs de Paris.**

« Notre Chambre ne devant avoir de séance qu'au mois d'octobre prochain, d'accord avec son bureau, je tiens à vous informer, dès à présent que, comme la Chambre de commerce de Paris, dont le Président, M. Delaunay-Belleville, est notre Président d'honneur, la Chambre syndicale des mécaniciens, chaudronniers et fondeurs de Paris, est très désireuse de voir les relations commerciales de la France avec l'Italie reprises le plus promptement possible ».

28 juin. — **Syndicat commercial et industriel de Lyon. (Produits chimiques. — Denrées coloniales. — Drogueries. — Pâtes alimentaires. — Stéarinerie.)**

« Notre Chambre syndicale, ayant pris connaissance de vos communications dans sa séance du 28 juin, approuve l'initiative prise par la Chambre de commerce française de Milan, et déclare s'associer aux vœux exprimés par les Chambres de commerce et les Chambres syndicales italiennes et françaises et tendant à la reprise des négociations pour arriver à la cessation de la guerre de tarifs entre la France et l'Italie ».

28 juin. — **Chambre syndicale du commerce en gros des vins et spiritueux de Paris et du département de la Seine.**

« Je mets régulièrement sous les yeux de notre Chambre syndicale les documents que vous avez l'attention de m'envoyer.

Elle m'a chargé de vous en adresser tous ses remerciements et de vous féliciter cordialement de tous vos efforts dans l'intérêt du commerce et de l'industrie de notre pays.

Elle vous remercie tout particulièrement de votre initiative et du succès de vos démarches en vue de la reprise des relations commerciales de la France avec l'Italie et du concours que vous obtenez auprès des Chambres de commerce italiennes

A l'unanimité de ses membres, elle vous exprime tous les sentiments de la plus vive sympathie ».

28 juin. — **Chambre Syndicale des Constructeurs mécaniciens, chaudronniers, fondeurs et des industries qui s'y rattachent de Lyon** — « La Chambre syndicale de l'Association métallurgique du Rhône, dans sa séance du 6 juin courant, a pris communication de la lettre circulaire en date du 17 mai dernier, qu'elle a eu l'honneur de recevoir de vous le 21 du même mois

De la délibération qui a suivie la lecture des ordres du jour joints à votre lettre, il ressort que l'esprit des industriels de notre Syndicat est tout entier à la reprise des relations commerciales avec la Suisse et avec l'Italie.

Notre Chambre syndicale nous a donc chargé de vous faire connaître qu'elle s'associe complètement aux vœux exprimés dans ces ordres du jour. »

29 juin. — **Chambre Syndicale des instruments et appareils de l'Art médical. — Paris.**

« La Chambre Syndicale des instruments et appareils de l'Art médical, après avoir pris connaissance des documents qui lui ont été envoyés par la Chambre de commerce française de Milan, émet le vœu qu'il soit établi un équitable régime conventionnel entre l'Italie et la France, en facilitant ainsi de bonnes et importantes relations commerciales pour le bien de ces deux pays. »

1r juillet. — **Chambre Syndicale de la Bonneterie, de la Ganterie et des Industries qui s' y rattachent.**

« M. Herdebaut. — La reprise des négociations avec l'Italie, préconisée par la Chambre de commerce française de Milan, dans le but de conclure un arrangement commercial serait assurément approuvée par notre chambre, s'il était établi sur la base de notre tarif minimnn. Toute autre convention, élaborée dans un autre sens, porterait un préjudice considérable à notre pays.

M. le Président pense avec juste raison que nous devons attendre les avances de notre ancienne alliée et lui réclamer des avantages équivalents à ceux que nous lui concéderions.

La Chambre donne son assentiment pour la reprise des relations commerciales franco-italienne conformément aux idées émises précédemment. »

1er juillet. — **Chambre Syndicale des Fabricants de Gants de Grenoble.**

« La Commission Permanente de la Chambre Syndicale des Fabricants de Gants de Grenoble réunie le 1 juillet 1895, sur la proposition du Président de la Chambre de commerce française de Milan, a émis à l'unanimité des onze membres présents, le vœu suivant :

« La Chambre Syndicale des Fabricants de Gants de Gre-
« noble, partisan du libre échange commercial entre toutes les
« nations, verrait avec satisfaction un nouvel accord interve-
« nir entre la France et l'Italie pour toutes les relations com,
« ciales entre les deux pays. »

8 juillet. — **Association Syndicale des marchés de Blé Seigle et Avoine de Paris.**

« La Commission de l'Association Syndicale du marché des blé, seigle et avoine de Paris a eu communication, dans sa séance du 8 courant de votre honorée du 17 mai dernier.

Après avoir lu avec intérêt les documents qu'elle lui portait, notre Commission, considérant que la reprise des relations commerciales avec l'Italie ne peut qu'être profitable au commerce en général, a émis à l'unanimité, le vœu que les deux gouvernements arrivent à une entente, afin d'abaisser les barrières commerciales qui existent entre les deux pays. »

17 juillet. — **Chambre Syndicale des Fabricants de plumes pour parures. Paris.**

« J'ai l'honneur de vous accuser réception de votre lettre du 17 mai dernier et de vous informer que, dans sa réunion du 7 juin dernier, la Chambre syndicale des fabricants de plumes pour parures a formulé l'avis le plus favorable pour la reprise des relations commerciales entre l'Italie et la France et a manifesté son désir de voir reprendre les relations sur les bases douanières qui existaient avant l'application des nouveaux tarifs douaniers. »

8 août. — **Chambre Syndicale des Négociants-Entrepositaires du Rayon de Cognac.**

« J'ai bien reçu l'extrait du Procés-verbal de votre séance du 10 juillet que vous voulez bien me communiquer.

« La rupture des traités de commerce avec l'Italie comme avec les autres nations, a été le motif de trop de regrets de la part de notre commerce pour que votre initiative n'ait pas notre entière approbation.

« La Chambre Syndicale vous adresse donc toutes ses félicitations et fait tous ses vœux pour la reprise des relations commerciales entre nos deux grands Pays.

« Elle serait bien heureuse si le même esprit de libre échange pouvait prévaloir dans le monde entier.

9 octobre 1895. — **Chambre Syndicale de l'Ameublement. — Lyon.**

« Dans sa séance d'hier 8 octobre, notre conseil d'administration a reçu communication de votre honorée circulaire en date du 7 mai dernier, relatant les adhésions données déjà par un grand nombre de Chambre françaises ou italiennes à une reprise éventuelle des relations commerciales entre les deux nations.

La chambre Syndicale de l'Ameublement de Lyon s'associe étroitement aux mêmes vœux et j'ai l'honneur de vous donner avis de cette résolution qu'elle voudrait sincèrement voir adopter dans un avenir prochain par la majorité des chambres de commerce et des Syndicats de France. »

15 octobre. — **Chambre Syndicale de la Boulonnerie — Paris.**

« J'ai l'honneur de vous accuser réception de votre lettre du 17 mai dernier. Je n'ai pu la communiquer que le 10 courant à la chambre Syndicale de la Boulonnerie, dont les réunions sont peu fréquentes. Je suis heureux de vous donner l'extrait ci après du procès verbal de notre réunion :

« M. le président donne lecture d'une communication de la
« chambre de commerce française de Milan, au sujet de la re-
« prise des relations commerciales entre la France et l'Italie.
« La chambre Syndicale s'associe cordialement aux voeux ex-
« primés en ce sens par la chambre de commerce française de
« Milan, qu'elle félicite du succès de ses efforts pour créer un
« courant favorable au rétablissement des relations commerciales
« entre les deux pays ; elle prendra part volontiers, en ce qui
« concerne les articles de boulonnerie, à l'étude des conditions
« douanières projetées, lorsque de nouvelles communications lui
« seront faites à ce sujet. »

Je vous serai reconnaisssant de bien vouloir me faire ces nouvelles communications, lorsque vous le jugerez utiles, pour permettre à notre chambre Syndicale d'examiner les projets de tarif. »

16 octobre. — **Chambre Syndicale des commissionaires importateurs et exportateurs. — Paris.**

Nous suivons avec beaucoup d'intérêt le grand mouvement que vous avez provoqué en France et en Italie dans le but d'arriver à la reprise des relations commerciales entre les deux Pays.

Nous nous associons complètement aux efforts tentés pour arriver à ce but et sommes heureux de constater que la plupart des chambres de commerce et chambres Syndicales sont d' accord à ce sujet.

18 octobre. — **Alliance Syndicale du Commerce et de l' Industrie. — Paris.**

J'ai l'honneur de vous donner ci-dessous un extrait du procés-verbal de la séance de l'Alliance Syndicale, dans laquelle il a été délibéré sur la communication que vous lui avez adressée relativement à la possibilité d' une reprise des relations commerciales entre l' Italie et la France.

« Lecture est donnée d' une lettre de la chambre de com-
« merce française de Milan remettant un extrait du procés
« verbal de la séance du 7 mai et contenant :

« L' ordre du jour voté par le Congrés des Chambres Ita-
« liennes tenu à Rome le 21 avril ;

« L'ordre du jour voté par la Chambre Italienne de Milan
« le 6 mai ;

« L'ordre du jour voté par la Chambre française de Mi-
« lan le 7 mai.

« Ces divers ordres du jour sont favorables à une reprise
« des relations commerciales entre l' Italie et la France et le
« Président de la Chambre française de Milan prie l'Alliance
« de lui faire connaître son opinion.

« L'assemblée consultée déclare, à l' unanimité, se rallier
« aux ordres du jour votés par les Chambres italiennes et ap-
« puyer les vœux exprimés pour une prochaine reprise des re-
« lations commerciales entre les deux pays. »

20 octobre. — **Union du Commerce en gros des vins et spiritueux**. Paris

« Le Syndicat l'Union du Commerce en gros des vins et spiritueux » me charge de remercier la Chambre de Commerce Française de Milan des communications qu'elle a bien voulu lui faire au sujet du rétablissement des relations commerciales entre la France et l'Italie, et de lui adresser ses félicitations pour l'initiative qu'elle a prise afin d'atteindre ce but, et de lui exprimer ses vœux pour que ses efforts soient couronnés d'un prompt succès.

2 octobre. — **Chambre Syndicale de la Brosserie, Paris.** — Extrait du procès verbal.

« Lecture est faite par M. le Président du rapport de M. Sauernsheimer sur les relations commerciales entre la France et l'Italie. La Chambre ne voit pas d'objections immédiates à faire à ce rapport et se réserve d'y revenir ».

18 octobre. — **Chambre Syndicale des Fabricants d'Appareils, articles de chauffage et de tôlerie. — Paris.**

Communication est faite:

D'une lettre de la chambre de commerce française de Milan invitant notre syndicat à se prononcer en faveur d'un accord commercial franco-italien.

La chambre ne peut qu'approuver toute démarche qui aurait pour but d'ouvrir des débouchés à notre industrie et rétablir notamment un régime conventionnel susceptible de développer nos relations commerciales avec l'Italie.

21 octobre. — **Chambre Syndicale de la Chaudronnerie. — Paris.**

M. le Président donne communication de lettres de la chambre de commerce française de Milan.

Le Comité émet le vœu: de voir les relations commerciales de la France avec l'Italie reprises le plus promptement possible.

5 Novembre 1895 — **Chambre Syndicale des Couleurs et Vernis. — Paris.**

« Dans sa séance du 5 courant, notre chambre, après une délibération prolongée a décidé que, n'étant pas interessée directement à l'accroissement des relations franco-italiennes, elle ne pouvait qu' émettre un vœu favorable à cet accroissement. »

7 novembre — **Société des Industriels et des Commerçants de France — Paris.**

Nous avons bien reçu en son temps votre honorée du 17 octobre qui nous est malheureusement parvenue le lendemain d'une réunion de notre Comité d'Initiative et de Propagande.

Depuis lors, le Bureau s'en est occupé, mais il n'a pas voulu prendre sur lui d'émettre un vœu conforme à vos désirs, dans la crainte de n'être pas approuvé par tous nos collègues.

Dans tous les cas, la question ne saurait demeurer très longtemps en suspens. Bien que, jusqu'à ce que nous soyons mille sociétaires, il ait été entendu au début, que la société n'entrerait pas officiellement en fonction, nous avons résolu depuis, en présence de 600 adhésions environ, et à l'occasion de notre établissement définitif dans un local spécial que nous venons d'arrêter 6 Rue Chauchat, dans l'Hôtel des Anciens Elèves des Ecoles Nationales d'Arts et Métiers, d'organiser deux ou trois sections provisoires, dont celle des tarifs douaniers et conventions commerciales. Nous procéderons à cette organisation dans le courant de ce mois, au plus tard dans la première semaine de Décembre, dès que le trasfert de notre siège social sera un fait accompli, et la section compétente sera saisie, dès sa première réunion, de la question des relations franco-italiennes.

Chambres de Commerce italiennes

Ayant communiqué à la Chambre de commerce italienne de Milan, le procès-verbal de notre séance du 8 juin dernier, nous en avons reçu la lettre suivante :

25 juin. — **Chambre de commerce italienne de Milan.**

« C'est avec une vive satisfaction que notre Chambre a appris, par votre courtoise communication, que les vœux d'un grand nombre des Représentations de l'industrie et du commerce français concordent avec nos vœux et nos aspirations, pour ce qui regarde les rapports commerciaux Italo-français. Notre Chambre, comme conséquence, espère qu'en un avenir peu lointain il sera rendu aux deux pays la possibilité d'accroître leurs échanges réciproques et de porter de nouveau leurs courants d'affaires à l'importance si notable qu'il avaient par le passé ; sanctionnant par la reprise des relations officielles l'accord que les manifestations des Chambres de commerce italiennes et françaises a montré existant déjà entre les deux pays, absolu et cordial,

Avec cet espoir, je vous exprime, Monsieur le Président, à vous et à votre Chambre les plus vives félicitations pour le résultat des efforts persévérants faits pour atteindre le but commun.

Le Président :
UGO PISA.

Voici d'autre part un extrait du procès-verbal de la séance tenue le 27 juin par la **Chambre de commerce italienne de Milan :**

27 juin. — **Extrait du procès-verbal.**

« Rélations commerciales italo-françaises.

M. *Ugo Pisa,* Président, dit :

« La Chambre de commerce française de Milan nous a communiqué le texte des délibérations prises dans un sens pleinement favorable au rétablissement des relations commerciales italo-françaises, par un grand nombre de Chambres de commerce et Chambres syndicales les plus importantes de France, à la suite des vœux du Congrès des Chambres italiennes de Rome et de notre Chambre.

Nous avons exprimé à la Chambre de commerce française notre plus vive satisfaction pour ces manifestations du commerce et de l'industrie française, qui concordent si bien avec nos vœux et nos aspirations, et nous avons félicité cette Chambre pour le résultat des efforts persévérants qu'elle a faits pour atteindre le but commun.

Monsieur le commandeur *Candiani* croit le moment propice pour exprimer à M. Gondrand, Conseiller de la Chambre, les plus vifs remerciements pour l'œuvre hautement intelligente et active qu'il a poursuivie avec tant de succés comme Président de la Chambre de commerce française, pour le rétablissement des relations commerciales entre l'Italie et la France.

M. *Ugo Pisa*, Président, est certain que c'est là un sentiment commun à tous les Conseillers; il se fait leur interprète, en même temps que M. Candiani, rendant les plus vifs hommages à M. Gondrand et à la Chambre qu'il préside. Les efforts faits pour un rapprochement économique des deux pays répondent sans aucun doute aux dispositions communes et à l'intérêt réciproque.

M. *Gondrand* remercie des paroles courtoises qui lui ont été adressées, ainsi qu'à la Chambre qu'il a l'honneur de présider: cette communauté de sentiments à laquelle s'inspirent si heureusement les déclarations des représentations commerciales d'Italie et de France, doit désormais servir comme circonstance décisive pour obtenir le retour à la plus complète cordialité et intimité de rapports ».

Nous avons également recu de M. *Boggiano*, Président de la **Chambre de commerce de Bari**, la lettre suivante :

29 juin : « L'appui aussi autorisé qu'efficace que votre honorable chambre a voulu donner à l'initiative de notre Compagnie pour faciliter la reprise des relations commerciales entre l'Italie et la France, et spécialement les si grandes courtoisies dont vons avez fait preuve envers moi, me font un devoir de présenter à votre Chambre et en particulier à vous, Monsieur le Président, mes plus vifs et sentis remerciements, y joignant la prière de vouloir bien continuer la poursuite de ce but si patriotique et le souhait qu'il puisse prochainement être atteint dans l'intérêt réciproque des nations sœurs. »

Le Président :

GIACOMO BOGGIANO

La Chambre de commerce italienne de Paris en nous envoyant un deuxième exemplaire de ses derniers Bulletins, dont nous avions sollicité l'envoi, nous écrit, par lettre du 6 juillet :

« Permettez-nous de saisir cette occasion pour vous exprimer nos plus chaleureuses sympathies pour l'œuvre assidue, interessante et vigoureuse, de votre honorable Compagnie pour faciliter l'entente commerciale entre nos deux Pays ; vous faites là une œuvre de vrai patriotisme et toutes les personnes bien pensantes d'un côté et de l'autre des Alpes, doivent applaudir à vos louables efforts.

Depuis quelque temps, en France et surtout à Paris, on parle beaucoup et très favorablement de la ligne de conduite prise par votre Chambre à propos des relations franco-italiennes, et nous assistons avec le plus grand intérêt au mouvement de détente qui se produit à la suite de vos efforts.

Veuillez donc agréer nos plus vifs compliments... »

***

Ainsi que nous l'avons rapporté plus haut, soixante-six sont les Chambres de commerce italiennes qui se sont déclarées favorables à une reprise des relations commerciales avec la France.

Nous avons reproduit leurs noms et les délibérations de plusieurs d'entre elles.

Tenant cependant à connaître en quelle occasion et de quelle façon les Chambres, dont nous n'avions pas les délibérations, avaient fait connaître leur opinion, nous nous sommes adressés directement à elles : nous avons reçu les très courtoises réponses suivantes :

12 juillet 1895. — **Chambre de commerce de Trévise.**

« Notre Chambre n'a véritablement pas eu occasion d'émettre de délibération sur l'argument que vous nous indiquez.

« Le fait est cependant que, le 13 avril dernier, notre Président, invité par télégramme du Président de la consœur de Bari à intervenir à une réunion à Rome le 21 du même mois, à l'effet de traiter des possibles accords commerciaux italo-français, répondit lui aussi télégraphiquement qu'il lui était impossible de se trouver à Rome le 21, et qu'il faisait des vœux pour que la réunion pût atteindre le but désiré. »

12 juillet 1895. — **Chambre de commerce de Vicence.**

« La Présidence de notre Chambre de commerce, par sa note n.° 433 du 28 mars dernier, applaudit à la bien appréciée initiative de la consœur de Bari, ayant pour but le rétablissement des relations commerciales entre l'Italie et la France, et exprima les vœux les plus vifs pour le retour à une convention commerciale avec cet Etat, sur les bases de réciproque convenance.

Successivement, sur l'invitation de la consœur de Bari, notre Compagnie se fit représenter à la réunion de Rome du 21 avril par le Président de la Chambre de commerce de Rovigo, commandeur Tullio Minelli.

Ces diverses démarches furent communiquées à notre Chambre dans sa séance du 19 avril. »

12 juillet. — **Chambre de commerce d'Ancône.**

« J'ai l'honneur de vous envoyer l'extrait authentique du procès-verbal de la séance tenue par notre Chambre le 27 novembre 1894, dans laquelle adhérant à la proposition de la consœur de Bari, il a été fait vœu pour la reprise des bonnes relations commerciales entre l'Italie et la France.

« En outre, notre Chambre a pris part au Congrés tenu à Rome le 21 avril 1895 et sera heureuse de pouvoir en quelque façon coopérer à la réalisation des désirs communs.

Extrait du procès-verbal de la séance du 27 novembre 1894.

Ordre du jour:
Relations commerciales italo-françaises.

« Il est donné lecture d'une lettre du Président de la Chambre de commerce de Bari par laquelle elle invite notre Chambre à nommer un représentant au Comité institué à Bari, le 30 octobre 1894, pour la reprise des bonnes relations commerciales entre l'Italie et la France.

« La Chambre adhère à l'idée et aux vœux exprimés par les intervenus à Bari, et souhaite que l'œuvre du Comité puisse réussir à porter bon fruit dans l'intérêt des deux nations voisines. »

13 juillet. — **Chambre de commerce de Pesaro.**

« En réponse à votre honorée du 10 courant, j'ai l'honneur de vous communiquer que notre Chambre, par sa lettre du 13 avril écoulé, n° 462, adressée à la consœur de Bari, a exprimé ses vœux les plus vifs pour que les délibérations du Congrès des Chambres de commerce tenu à Rome sur l'important objet fussent fécondes d'utiles résultats pour le rétablissement des relations commerciales entre les deux nations sœurs.

13 juillet. — **Chambre de Commerce de Ravenne.**

« Je réponds avec plaisir à la demande faite par votre honorable Compagnie, en lui transmettant ci-joint l'extrait du procès-verbal en date du 18 mai 1894; et il m'est agréable d'ajouter en outre sur le même argument, que dans la réunion des délégués de toutes les Chambres italiennes, tenue dans la capitale le 21 avril de cette année, notre Chambre s'est fait représenter par le Président de la Chambre de Commerce de Rome.

« Souhaitant que les efforts communs puissent atteindre le but désiré, veuillez agréer l'assurance de ma considération la plus distinguée. »

Extrait du Procès verbal de la séance du 18 mai 1894.

Sous le Régne de Sa Majesté Humbert I, par la grâce de Dieu et par la volonté de la Nation, Roi d'Italie.

En Ravenne ce jour de vendredi 18 mai 1894.

Sur invitation adressée par ordre de M. le Président à tous les membres de la Chambre de Commerce et Arts, le 12 courant, la Chambre s'est réunie aujourd'hui en séance ordinaire à h. 10 du matin dans sa résidence habituelle: et, fait l'appel nominal, se sont trouvés présents:

M.M. Fabri Comm. Prof. Ruggiero, *Président*: Bazzarini, Comm. Calisto; Bedeschi Rodolfo; Biffi ing. cav. Luigi; Bonvicini cav. Achille; Cagnoni Battista; Dragoni Giuseppe; Fabbri cav. off. Federico; Giuliani cav. Giovanni; Ortolani Giuseppe; Rivolta Silverio; Stanghellini Pio;

Avec l'assistance du *Secrétaire*, Doct. Ugo Burnazzi.

Le nombre des présents étant légal, M. le Président déclare ouverte sans autre la séance :

OBJET VIII.

Communication d'un vœu de la Chambre de commerce de Florence pour le rétablissement d'accords commerciaux entre l'Italie et la France et délibération relative.

Il est donné lecture du vœu (portant la date du 4 avril dernier) par lequel toutes les Chambres du Royaume sont invitées à s'entendre dans un mouvement simultané, pour obtenir que soient rétablis des accord commerciaux avec la France et que l'on conjure ainsi les dangers, toujours croissants, produits par la crise actuelle.

La Chambre, vu aussi la conduite tenue jusqu'à présent sur cette importante question par d'autres consoeurs, exprime à l'unanimité le vœu que les deux Gouvernements français et italien puissent enfin se concerter pour arriver à une convention, qui sur bases équitables, favorise les intérêts commerciaux des deux nations.

M. le Président est chargé de communiquer ce vœu au Ministre d'Agriculture, Industrie et Commerce, ainsi qu'à la Chambre de Florence, lui donnant toute publicité. »

14 juillet. — **Chambre de commerce de Lodi**.

« Notre Chambre a toujours désiré que les relations commerciales se rétablissent entre l'Italie et la France et dans ce but s'est associée à la Chambre de Bari pour la délibération que l'on attendait de l'honorable Comité qui s'est réuni à Rome le 21 avril dernier.

« Aucune délibération n'a été prise par notre Conseil pour l'étude nécessaire à l'accomplissement du but précité; mais il a seulement exprimé son désir particulier pour la conclusion d'un traité de commerce entre les deux nations sœurs. »

15 juillet. — **Chambre de commerce d'Arezzo.**

« En réponse à votre honorée, j'ai l'honneur de vous informer que notre Chambre de commerce, en conformité des vœux émis précédemment, a fait adhésion à la réunion tenue dernièrement à Rome, pour la reprise des pourparlers commerciaux avec la France. »

15 juillet. — **Chambre de commerce de Turin,**

« En réponse à votre lettre du 10 courant, je m'empresse de vous informer que notre Chambre n'a eu qu'à participer récemment au Congrès des Chambres tenu à Rome pour la reprise des rapports commerciaux avec la France. Elle y était représentée par son Président, Commandeur Locarni, qui a signé l'ordre du jour voté par le Congrès.

« Du reste, notre Chambre, déjà depuis 1886, quand on approchait du terme de la dénonciation du traité de commerce avec la France, recommandait chaudement au Gouvernement d'étudier à fond cette très importante question, relevant les défauts et les avantages du traité alors en vigueur et parmi ces derniers le gros chiffre par lequel notre exportation dépassait l'importation de la France.

« Notre chambre par suite n'a émis actuellement aucun vœu spécial, ni n'a cru nécessaire d'en émettre, après l'ordre du jour approuvé dans le Congrès précité. »

15 juillet. — **Chambre de commerce de Reggio-Emilia.**

« Répondant très volontiers à la demande contenue dans votre lettre du 10 courant, je m'empresse de vous transmettre l'extrait de la délibération du 30 avril 1894, par laquelle notre Chambre approuvait à l'unanimité de seconder l'initiative de la consœur de Florence pour un mouvement et une agitation profitable dans le but de rétablir les accords commerciaux avec la France.

« Je dois, en outre, vous informer que notre Chambre a fait pleine adhésion à la réunion, tenue à Rome le 21 avril dernier, par les Chambres de commerce pour la reprise des relations commerciales italo-françaises, approuvant en même temps à l'unanimité, dans la séance du 18 mai 1895, l'ordre du jour voté dans la réunion précitée.

« Il m'est aussi agréable de saisir cette occasion pour déclarer que notre chambre ne manquera par de s'employer, dans la mesure de ses forces, pour faire rétablir les accords commerciaux avec la France, et conjurer ainsi les graves pertes que ressent le commerce national du manque des dits accords »

Extrait du procès-verbal de la séance du 30 avril 1894.

Sont présents M.M. Viani ing. Pietro, *Président ;* Cocchi Ricardo *Vice-Président* ; Del Rio Paolo ; Giglioli Patrizio ; Maiocchi Natale; Manfredi Francesco; Schaffner Nicola; Steiner Davide, *Conseillers ;* Cartinazzi Rag. Vittorio, *Secrétaire.*

La séance ouverte, à h. 20. 10, le secrétaire lit le procès-verbal de la précédente réunion que le Président déclare approuvé, aucune observation n'etant présentée.

V.e Circulaire de la Chambre de commerce de Florence ayant trait aux accords commerciaux entre l'Italie et la France.

Il est donné communication de la circulaire du 4 avril courant de la consœur de Florence, dans laquelle — après avoir exposé que dans la séance du 30 mars dernier, elle a délibéré une approbation sincère à la Chambre italienne de Paris pour la publication de son remarquable opuscule intitulé *France et Italie*, *leur commerce d'autrefois et celui d'aujourd'hui* où est présentée la statistique du commerce franco-italien de 1876 à 1893 et où sont démontrées les importantes pertes que ressentent les deux nations du manque d'accord dans leurs rapports commerciaux — elle invite les autres Chambres du Royaume à s'entendre avec la chambre proposante pour entreprendre un mouvement et une agitation profitable dans le but de rétablir les accords commerciaux avec la France et de conjurer les dangers toujours croissants produits par la crise actuelle.

Le Président dit qu'à son avis on doit appuyer la proposition de la consœur de Florence d'autant plus qu'un rapprochement de la France et de l'Italie sur le terrain économique, outre qu'il serait avantageux pour le pays, est désiré par la grande majorité des commerçants et des industriels.

Le conseiller Schaffner, tout en se déclarant contraire en principe à accorder son appui aux délibérations et aux vœux des autres chambres, toutefois en ce cas donnera volontiers son vote favorable, parce que comme l'a dit le Président, un accord commercial entre l'Italie et la France est vivement désiré par tous.

Mis aux voix par assis et levés la proposition de seconder l'initiative de la consœur de Florence, le conseil l'approuve à l'unanimité. »

16 juillet. — **Chambre de commerce de Lecco.**

« En réponse à votre honorée du 10, je m'empresse de vous informer que notre Chambre, invitée par celle de Bari à assister à la réunion des Chambres à Rome, au mois d'avril dernier, par lettre du 13 avril, n.º 531, a répondu à cette Chambre que, regrettant de ne pouvoir envoyer un délégué à la réunion, elle approuvait l'idée de chercher un possible accord commercial avec la France, et faisait adhésion aux délibérations qui seraient prises à cet effet.

16 juillet. — **Chambre de commerce de Savone.**

« Notre Chambre, qui avait adhéré entièrement à l'initiative de la consœur de Bari, pour l'amélioration des relations commerciales italo-françaises dès l'année 1894, dans sa séance du 31 mars dernier, chargeait son Président, au cas où il se serait rendu à Rome pour assister aux séances du Conseil de l'Industrie et du Commerce, de prendre part au Congrès des Chambres, fixé pour le 21 avril suivant, pour y traiter la si importante question de la reprise des rapports commerciaux avec la France.

« De fait, notre Président, Cav. Ing. Migliardi, se trouvant dans la capitale en ce mois, prit part au dit Congrès, intervint dans l'importante discussion qui eut lieu, ainsi qu'au vote de l'ordre du jour reproduit alors par les journaux.

« A son retour de Rome, la Chambre, dans sa séance du 4 mai, ayant pris connaissance du rapport verbal et écrit de son Président, en approuva la conduite, en ce qui regardait aussi la très intéressante question, mais sans entrer davantage dans le mérite de celle-ci. »

16 juillet. — **Chambre de commerce de Campobasso.**

« Notre Chambre, au mois d'octobre dernier, fut invitée par la consœur de Bari à prendre part à la conférence tenue en cette ville le 30 du même mois, sur la question des relations commerciales italo-françaises.

« Notre Président, ne pouvant, par manque de temps, réunir la Chambre, interprétant les sentiments conciliatifs qui animent ses membres, fit, avec un télégramme spécial, acte d'adhésion à la dite conférence.

« Outre ce que je viens d'avoir l'honneur de vous exposer, notre Chambre n'a rien fait autre. »

17 juillet. — **Chambre de commerce de Padoue.**

« Dès novembre 1894, le soussigné, en répondant à une note de la Chambre de commerce de Bari — qui communiquait la délibération de la conférence sur les rapports commerciaux italo-français tenue dans cette ville le 30 octobre de la même année — exprimait au nom de notre Compagnie une approbation méritée à la noble initiative de rechercher les accords désirés entre les deux pays, en augurant un succés répondant aux vœux communs.

« Dans l'occasion de la réunion qui eut lieu à Rome le 21 avril dernier, n'ayant pu m'y rendre, je m'empressai de confirmer télégraphiquement à l'honorable Président de la Chambre de commerce de Bari, les vœux exprimés pour la reprise des bonnes relations, efficacement recherchées et appuyées par de nombreuses et autorisées Représentations commerciales. »

17 juillet. — **Chambre de commerce de Lucques.**

« En réponse à votre lettre du 10 courant, je m'empresse de vous informer que notre Chambre, a pris part, représentée par le soussigné, à la réunion des Représentations commerciales tenue à Rome le 21 avril dernier pour la reprise d'amicales relations commerciales entre l'Italie et la France.

« Notre Chambre, dans sa séance du 2 mai suivant, après avoir entendu le rapport de ce qui fut fait au susdit Congrès, et entendu la lecture de l'ordre du jour qui y fut voté, a fait à ce dernier pleine et unanime adhésion. »

17 juillet — **Chambre de commerce de Foligno.**

« Notre Chambre, dans la séance du 31 mai 1894, ayant eu communication d'une circulaire de la consœur de Florence, destinée á provoquer une agitation profitable au rétablissement des accords commerciaux avec la France; considérant ce qui fut exposé par la Chambre de commerce italienne de Paris sur les importantes pertes que ressentent l'Italie et la France du manque d'accords commerciaux; ayant entendu que le Comité franco-italien de propagande conciliatrice désirait connaître l'avis de notre Chambre sur cet objet, délibéra d'applaudir aux louables intentions de la consœur italienne de Paris et à ses études faites en vue de démontrer le préjudice causé aux deux nations par le manque d'accord dans leurs rapports commerciaux; et adhérant au concept qui régle le Comité permanent de propagande conciliatrice, fit des vœux pour voir rétablir les accord commerciaux avec la France.

17 juillet. — **Chambre de Commerce de Sassari.**

« Dans la séance du 17 novembre 1894 il fut donné communication de l'ordre du jour voté le 30 octobre précédent dans la conférence tenue auprès de la Chambre de commerce de Bari sous la présidence d'honneur de l'honorable Ruggero Bonghi et notre Chambre delibéra, de s'associer aux idées exprimées dans cet ordre du jour et de remercier les promoteurs d'une initiative si intéressante et patriotique.

» A la suite d'une invitation de la dite Chambre de Commerce de Bari, le 6 avril 1895 fut nommée une commission pour formuler des propositions spéciales sur les possibles accords douaniers avec la France, relatives aux produits de notre district, et cette Commission déposa son Rapport dans la séance suivante du 13 avril dans laquelle, notre chambre — en réponse à une demande télégraphique de Bari — nomma d'urgence ses delégués pour la représenter au Congrès qui eut lieu à Rome le 21 du même mois.

« A ce Congrès prit part un délégué de la Chambre qui vota en faveur de la proposition acceptée par cette assemblée. »

18 juillet. — **Chambre de commerce de Caserte**

« Répondant à la demande contenue dans votre lettre du 10 courant, j'ai l'honneur de vous informer que les séances plus récentes, dans lesquelles notre Chambre de commerce s'est montrée favorable au rétablissement des accords commerciaux avec la France, sont celle du 9 mai dernier, où l'Assemblée approuva à l'unanimité l'adhésion et l'intervention du soussigné à la réunion tenue à Rome pour le susdit objet le 21 avril dernier, et l'autre du 10 mai 1894 où, à propos de l'opuscule imprimé par la Chambre de commerce italienne de Paris sous le titre, *France et Italie, leur commerce d'autrefois et celui d'aujourd'hui*, notre Chambre déplora la rupture des accords commerciaux avec la France. »

19 juillet. — **Chambre de commerce de Potenza.**

« Répondant à votre aimable lettre du 10 cour., je m'empresse de vous informer que notre Chambre de commerce, à la suite de l'invitation télégraphique reçue de la Consœur de Bari, se réunit d'urgence le 15 avril dernier, et délibéra de se faire représenter à la réunion des Chambres de commerce du Royaume, qui eut lieu à Rome le 21 du même mois; déléguant le soussigné et un autre de ses membres pour la représenter, avec mandat de se rendre à Rome, comme de fait ils s'y rendirent, pour prendre part à la dite réunion.

Je crois ainsi avoir répondu à votre demande, mais au cas où vous désireriez la copie de la délibération du 15 avril dernier dont la teneur d'ailleurs est reproduite plus haut, vous n'auriez qu'à m'en aviser pour la recevoir. »

19 juillet. — **Chambre de commerce de Cosenza.**

« J'ai l'honneur de vous communiquer en réponse à votre lettre du 10 courant, que notre Chambre de commerce, sur l'invitation de notre consœur de Bari d'intervenir à la réunion des Chambres de commerce à Rome, pour discuter sur les relations commerciales entre l'Italie et la France le 21 avril 1895, fit télégraphiquement adhésion à cette réunion, chargeant le Président de la Chambre de Bari de représenter notre Compagnie. »

19 juillet. — **Chambre de commerce de Venise.**

« En réponse à votre honorée du 10 courant, je m'empresse de vous informer que notre Chambre s'est toujours montrée favorable à une reprise des relations commerciales entre l'Italie et la France.

« Notre Chambre a pris ensuite part au Congrès tenu dans ce but à Rome le 21 avril dernier et son représentant a voté avec ceux des autres Chambres l'ordre du jour conforme aux désirs du commerce des deux nations.

« Cette question a été traitée également dans notre séance du 26 avril, ainsi que vous pourrez le constater par l'extrait ci-joint du procès verbal. »

Séance publique du 26 avril 1895.

Sous la Présidence du Comm. Pacifico Ceresa, *Président*.

Présents: le *Vice-Président* cav. off. Giorgio Suppiej et les conseillers cav. Giulio Ajò, comm. Filippo Baffo, Antonio De

Paoli, Adolfo Dolcetti, cav. Vincenzo Fontanella, Giovanni Pianetti, Ing. cav. off. Rodolfo Poli, cav. cap. Santo Vianello-Moro, Nicolò Federico Zamarchi.

Canali, *secrétaire.*

« .... Le *Vice-Président* ..... ajoute ensuite d'avoir représenté la Chambre dans la réunion tenue le 21 courant à Rome, par initiative de la Chambre de Bari, à l'effet d'étudier les moyens propres à améliorer les rapports commerciaux entre l'Italie et la France et donne lecture de l'ordre du jour suivant, signé aussi par lui, qui fut approuvé dans cette réunion.

(*Suit l'ordre du jour du Congrès de Rome*).

Cet ordre du jour était signé par les présidents et représentants des Chambres de commerce de Rome, Turin, Milan, Gênes, Naples, Florence, Bologne, Venise, Savone, Alexandrie, Lucques, Port-Maurice, Côme, Cuneo et président de la Chambre de commerce de Paris, comm, Trezza.....

Fontanella, au nom des collègues, remercie le Vice-président de tout ce qu'il a fait à Rome comme représentant de la Chambre »

21 juillet. — **Chambre de commerce de Reggio-Calabria.**

« Notre Chambre, en date du 29 octobre 1894, répondant à l'invitation de la consœur de Bari, approuvait la proposition de voir reprendre les démarches pour un accord commercial avec la France.

« Plus tard, le 20 mai 1895, elle déclarait à la consœur de Rome de faire pleine adhésion aux vœux exprimés par le Congrès des Chambres sur le même argument. ».

26 juillet. — **Chambre de commerce de Forlì.**

« En réponse à ce que vous désirez connaître par votre lettre du 10 courant, je m'empresse de vous informer que, lorsque notre Chambre reçut du Comité de Bari l'invitation de se faire représenter à la réunion organisée à Rome, le 21 avril, pour discuter au sujet des relations commerciales italo-françaises, elle fit parvenir au Président de la Chambre de commerce de Bari la délibération suivante, en date du 13 avril :

« La Chambre de commerce de Forlì, pour raisons financières ne pouvant intervenir à la réunion de Rome, fixée « pour le 21 courant, et concourir matériellement à l'entreprise, « se borne à lui accorder tout son appui moral ».

29 juillet. — **Chambre de commerce de Trapani.**

« Adhérant volontiers à votre honorée demande du 10 courant, je vous rapporte sommairement en quels termes s'est déroulée l'action de notre Chambre de commerce en ce qui concerne la si importante question des relations commerciales italo-françaises.

La Chambre de Trapani — insistant toujours sur la remarque que la reprise des dites relations commerciales avec la nation sœur doit être subordonnée aux exigences de la dignité nationale italienne et qu'aucune faute ne peut être attribuée à notre gouvernement pour le fait de l'interruption des bons rapports, — dès l'année 1878, alors que les négociations étaient en cours pour la conclusion du nouveau Traité, exprima le vœu d'obtenir l'établissement de spéciales et temporaires conventions pour l'échange des vins entre les deux pays.

A la suite de la prorogation du traité du 3 novembre 1881 au 1r mars 1888, lorsqu'on sut que, la prorogation expirée, le tarif général devait être appliqué, notre Chambre agit auprès du ministère pour conjurer un si grave danger.

Le 21 mars 1888, ce fait s'étant pas trop verifié, tout en applaudissant à l'œuvre conciliante et digne de notre gouvernement dans la conduite des pourparlers commerciaux avec la France, notre Chambre exprima le vœu que, sauvegardée toujours la dignité nationale, nos relations avec la nation sœur retournassent vite, bienveillantes et normales.

Et au 14 juillet 1888, adhérant à une proposition d'action commune et directe auprès du gouvernement elle nomma ses représentants et intéressa les députés politiques du collège pour aider à l'entreprise.

Au 26 septembre 1888, elle insista dans les mêmes propositions; elle en écrivit au Ministre et ainsi elle a continué à faire en toute occasion, persévérant toujours dans les mêmes concepts.

A une époque récente, d'accord avec la Chambre de Florence et beaucoup d'autres, elle a applaudi à l'œuvre de conciliation entreprise par les Représentations commerciales française à Milan et italienne à Paris, et s'est déclarée prête à associer son action à ce qui pourra faire cesser un état de choses qui trouble dans leurs fonctions économiques les deux pays. Elle n'est pas restée étrangère au mouvement actuel dû à la Chambre de Bari, se bornant à adhérer en principe au concept que la reprise des bons rapports avec la France doit être le résultat de l'action concorde et simultanée de tous ceux qui, dans les deux pays, ont foi dans la parenté latine, sur la base des intérêts reciproques.

Votre illustre et patriotique compagnie, qui a si bien mérité de l'Italie pour l'équité de ses jugements et la constance de ses idées, trouvera toujours notre Chambre prête à s'associer à l'œuvre utile et noble qui vise à dissiper, en même temps en France et en Italie, les malentendus et à reprendre les accords et je suis heureux d'interpréter la pensée de mes collègues en vous offrant à vous, Monsieur le Président, et à votre Chambre, l'assurance de notre admiration la plus distinguée pour la ligne de conduite constamment suivie dans cette importante question.

30 juillet. — **Chambre de commerce de Rome.**

« En réponse à votre lettre du 10 courant, je m'empresse de vous informer que notre chambre a eu à s'occuper de la reprise des relations commerciales entre l'Italie et la France dans les circonstances suivantes :

Dans la séance du 27 novembre 1894, sur proposition analogue de la Chambre de Bari, elle autorisa le Président à faire partie d'une Commission nationale;

Dans la séance du 29 mars dernier, elle consentit à ce que le Congrès des Chambres de commerce du Royaume, proposé par la même Chambre de Bari pour le 21 avril, eut lieu dans la salle de ses réunions;

Enfin dans la séance du 2 mai, le Président communiqua l'ordre du jour adopté par le Congrès précité, dans laquelle notre Chambre était d'ailleurs représentée. »

31 juillet. — **Chambre de commerce de Caltanissetta.**

« En réponse à votre lettre du 10 courant j' ai l' honneur de vous envoyer copie de la délibération en date du 18 avril dernier, dans laquelle notre Chambre se déclarait favorable à la reprise des relations commerciales entre la France et l'Italie.

Séance du 18 avril 1895.

. . . .

Accord commercial franco-italien.

M. Galdi, conseiller, délégué comme rapporteur sur l'argument, parle ainsi à la Chambre:

Honorables Messieurs,

« En 1876, le commerce franco-italien s'élevait à L. 827.165.413 — en 1893 il a atteint à peine L. 262.508 et par conséquent le commerce des deux pays a subi une diminution de plus d'un demi-milliard; la diminution du commerce italien a été de L 275. 983. 413.

Devant l'éloquence de ces chiffres, éloquence aussi muette que triste, des deux côtés des Alpes on ne peut rester indifférent.

Nous éprouvons une légitime tristesse devant la crise qu'ont supportée toutes les industries italiennes, devant la misère qui frappe aussi atrocement la production abondante de nos champs.

Faire cesser cette calamité nationale qui frappe les deux nations, devrait être l'œuvre salutaire des Chambres de commerce, des centres commerçants, et enfin de toutes les personnes de bonne volonté, tant de France que d' Italie. Il n' y a qu' un but à rechercher celui de favoriser le rapprochement économique des deux nations.

La Chambre de commerce de Bari, avec une louable initiative, s' est faite le défenseur de la patriotique idée et de l'œuvre utile de rechercher le rétablissement des relations commerciales entre l'Italie et la France.

Un premier Congrès a été tenu à Bari le 30 octobre 1894; un second Congrès des Chambres de commerce italiennes sera tenu a Rome prochainement pour faire les études nécessaires à l'accomplissement de ce but, qui interesse au plus haut point toute la nation.

Je suis d'avis que non seulement notre Chambre de commerce doit adherer à ce Congrès, mais qu' elle doit même y prendre une part active pour y faire triompher l' idée de la prospérité de nos industries, dans lesquelles est comprise la mère de toutes, l'industrie agraire, première et absolue source de la richesse.

Filangieri, dès son époque, écrivait que l'objet unique et universel de la législation est la conservation et la tranquillité; eh bien! ni une ni l'autre ne peuvent être durables si l'on n'obtient pas la prosperité de la Nation.

Davide Galdi. »

Terminé la lecture de ce rapport;

La Chambre, à l' unanimité, adhérant à l' invitation de la consœur de Bari, tandis qu' elle fait vœu que la réunion des Chambres de commerce italiennes établie pour le 21 courant à Rome, puisse réussir à un rapprochement économique entre l'Italie et la France pour la réciproque prospérité commerciale, délègue pour la représenter à cette réunion, les honor. députés comte Testasecca et chev. Palamenghi-Crispi.

Delibère de faire part télégraphiquement de la délégation tant aux députés précités qu'au Président de la Chambre de commerce de Bari »

3 août. — **Chambre de commerce de Foggia.**

« En réponse à votre lettre du 10 courant, je m'empresse de vous communiquer, que notre Chambre de commerce dans sa séance du 18 juin 1894, adhérant à l'œuvre du Comité permanent franco-italien pour la reprise des relations commerciales entre la France et l'Italie, délibéra à l'unanimité l'ordre du jour suivant :

« La Chambre,

« loue hautement l'œuvre du Comité permanent franco-italien
« et le but qu'il se propose, auquel il s'associe entièrement,
« d'autant plus que dans cette province de Foggia, plus qu'en
« autres, le commerce des vins a ressenti de très graves pertes
« de la rupture des relations commerciales avec la France,
« pertes qui à peine en faible partie ont été réparées par la
« conclusion de traités de commerce avec les autres Nations. »

3 août. — **Chambre de commerce de Naples.**

Monsieur le Président,

En réponse à votre lettre du 10 juillet, il m'est très agréable de vous expédier les exemplaires du « Bulletin » de notre Chambre qui contiennent les délibérations qui ont été prises favorablement à une reprise des relations commerciales franco-italiennes.

La courageuse et patriotique initiative de la Chambre de Milan a été hautement appréciée par notre Chambre et je puis vous donner l'assurance qu'elle trouvera parmi nous l'accueil le plus sympatique et l'appui le plus efficace.

Agréez, Monsieur le Président, mes salutations très distinguées.

A cette lettre étaient joints les numéros des 6 et 20 mai de la *Rivista Economica*, contenant les actes officiels de la Chambres de Naples.

Le numéro du 6 mai contient le compte-rendu du Congrès de Rome, fait par la *Rivista Economica.*

Le numéro du 20 mai contient le même compte-rendu fait à la séance de la Chambre du 3 mai, contenant le nom des Chambres représentées (43) ou ayant adhéré (14) au Congrès, la discussion advenue et l'ordre du jour voté, que nous avons déjà rapporté.

La Chambre de commerce de Naples prend enfin acte avec plaisir de l'ordre du jour voté et remercie son Président, qui l'a représentée à la réunion.

3 août — **Chambre de commerce de Girgenti.**

« En réponse à votre lettre du 10 juillet, je m'empresse de vous faire connaître que notre Chambre de commerce s'est prononcée en faveur de la reprise des relations commerciales entre la France et l'Italie, à l'occasion de la réunion à Rome de presque toutes les Chambres de commerce du Royaume, où elle fut représentée par son Vice-Président, Marquis Giambertoni, qui approuva l'ordre du jour présente par le Président de la Chambre de commerce de Milan. »

23 août. — **Chambre de commerce de Ferrare.**

« Dans la réunion du Conseil du 17 avril dernier, notre Chambre, adhérant à l'invitation de la Chambre de commerce de Bari, promotrice d'une réunion à Rome pour traiter des relations commerciales avec la France, déléguait comme son représentant spécial, M. le Commandeur Enea Cavalieri exprimant le vœu que ces relations puissent devenir de plus en plus cordiales dans l'intérêt des deux nations. »

24 août. — **Chambre de commerce de Catane.**

« Sous pli séparé, je vous adresse un exemplaire des procès verbaux des séances tenues par notre Chambre en 1894 dans lequel vous trouverez pages, 23, 52 et 57 les vœux faits par notre Chambre en faveur d'un accord commercial entre l'Italie et la France.

Séance du 16 avril 1894.

Accord commercial avec la France (Vote de la Chambre de Commerce de Florence.)

La Chambre de Commerce et Arts de Florence prenant occasion de l'opuscule publié par la Chambre de commerce italienne de Paris ayant pour titre : *France et Italie — leur commerce d'autrefois et celui d'aujourd'hui*, en applaudissant au travail de cette chambre, a délibéré de faire vœu pour que soit entreprise d'accord une agitation utile « pour le rétablissement d'un accord commercial avec la France, afin d'arriver à conjurer les dommages toujours croissants de la crise actuelle. »

La chambre, accueillant pleinement les idées exprimées par la Chambre de commerce de Florence et reconnaissant qu'une reprise d'affaires commerciales avec la France pourra grandement améliorer les actuelles conditions économiques, délibère à l'unanimité d'adhérer au vœu de la Chambre précitée. »

Séance du 29 octobre 1894.

« Le Président communique une invitation de la Chambre de commerce de Bari pour assister à une conférence, qui sera, tenue demain, à une heure, dans la salle de cette Chambre, sur la question commerciale italo-française.

La Chambre approuve le but de la conférence, et ne pouvant par manque de temps y envoyer un représentant, donne au Président mandat de communiquer telégraphiquement l'adhésion de la Chambre. »

Séance du 5 décembre 1894.

« Le Président fait part qu'à la suite de la conférence tenue à Bari le 30 octobre, la nomination d'un Comité a été décidée.

Il a été appelé à faire partie de ce Comité; mais estimant que ce choix a été fait au nom de la Chambre, il a cru opportun, avant d'accepter, de demander l'autorisation du Conseil.

Brugnoni doute de l'action d'un tel Comité et craint le préjudice que son œuvre pourra apporter à l'action du gouvernement.

Musumeci, Patriarca, Spadaro, Galatioto et *d'Amico*, tout en louant l'œuvre des promoteurs d'un accord commercial avec la France, ne croient pas qu'un Comité puisse réussir à atteindre ce but, et pensent au contraire que son action pourra apporter des retards à la reprise des relations commerciales avec la France dans les sphères gouvernementales.

Après d'autres observations, les conseillers *Brugnoni, Galatioto* et *d'Amico* présentent l'ordre du jour suivant:

« La Chambre, tout en désirant et en faisant les souhaits les plus vifs pour que nos relations avec la France trouvent une base amicale, regrette de devoir reconnaître que toutes les multiples initiatives prises jusqu'à ce jour n'ont abouti à rien et que l'expérience lui donne peu de confiance dans la réussite d'ultérieures tentatives, notamment dans les conditions actuelles.

D'un autre côté, elle considére que la Chambre, corps constitué et dépendant du Gouvernement, ne peut et ne doit prendre aucune initiative pour faire partie d'un Comité quelconque, qui par son action puisse à un moment donné se trouver en contradiction avec les intérêts généraux, même politiques de l'Etat, au nom desquels il appartient au Gouvernement seul de prendre les opportunes décisions nécessaires.

En conséquence passe purement et simplement à l'ordre du jour. »

Mis aux voix, cet ordre du jour, le Président ayant déclaré s'abstenir, est approuvé par la Chambre.

26 août. — **Chambre de commerce de Varese.**

« Dès le mois d'avril 1894, la Chambre de commerce que j'ai l'honneur de présider, adhérait à l'unanimité à l'invitation de la Chambre de Florence et manifestait son approvation et sa cordiale satisfaction à la Chambre de commerce italienne de Paris pour la publication de l'opuscule « *France et Italie, leur commerce d'autrefois et celui d'aujourd'hui* » en souhaitant que disparaissent au plus tôt les barrières empêchant la reprise d'un accord commercial, très favorable aux produits nationaux.

Ces sentiments, la Chambre de commerce, que j'ai l'honneur de présider, les a depuis longtemps professés. alors que. il y a quelques années, on cherchait, sinon à justifier, du moins à légitimer la rupture des rapports commerciaux avec la France par des considérations étrangères aux intérêts de l' économie nationale.

Et si la Chambre de Varese n'a pu se faire représenter à la réunion des Chambres de commerce tenue à cet effet à Rome en avril dernier, elle sent cependant le devoir de vous faire connaître son adhésion à cette réunion, et ses vœux pour le rétablissement le plus prochain possible de l'accord commercial avec la France. »

29 août. — **Chambre de commerce de Bellune.**

« Je me fais un devoir de vous informer que notre Chambre a été constamment favorable au rétablissement des relations et des traités de commerce avec la France, et n'a jamais manqué, toutes les fois que l'occasion lui en a été offerte, de manifester ses sentiments et ses vœux.

Invitée par la consœur de Bari, d'abord par circulaire du 14 mars dernier, et ensuite par télégramme du 12 avril, à participer le 21 à la réunion des Chambres de commerce à Rome, le soussigné, empêché d'intervenir en personne, expédiait le télégramme suivant:

« *Bellune 21 avril h. 10.14 — Chevalier Boggiano, près de la Chambre de Commerce, Rome.*

Je vous prie de représenter à la réunion d'aujourd'hui notre Chambre, qui fait pleine adhésion aux propositions favorables à un accord commercial, et souhaite que ce but patriotique soit atteint. — Président Chambre de commerce. »

Les documents, publiés ci-dessus, se passent de tous commentaires.

Une seule question a été posée jusqu'ici, la question de principe, — savoir si l'intérêt de l'Italie, si l'intérêt de la France étaient de mettre fin à la guerre de tarifs entamée depuis 1888.

Soixante-six Chambre de Commerce italiennes, *quatre ving dix-neuf* Chambres de commerce et Chambres Syndicales françaises, ont répondu péremptoirement — toujours sur la question de principe — qu'elles étaient favorables à une reprise régulière des relations commerciales entre les deux pays.

Nous nous sommes faits les intermédiaires, les porte-voix, auprès du commerce, de ces honorables Assemblées, groupant leurs délibérations, non certes pour donner l'illusion du nombre, mais pour montrer que, des deux côtés des Alpes, il y avait unanimité de sentiments, dans le monde commercial pour regretter les échanges heureux d'autrefois.

Dans la publication actuelle nous n'avons recherché qu'un but: affirmer de toutes nos forces qu'une convention commerciale servirait les intérêts commerciaux, et — nous n'hésitons pas à le dire — politiques des deux pays.

Le Président:
François Gondrand

Le Secrétaire
Henry Blanc

www.ingramcontent.com/pod-product-compliance
Ingram Content Group UK Ltd.
Pitfield, Milton Keynes, MK11 3LW, UK
UKHW020425230726
13925UKWH00004B/1615

9 782014 065435